공포와 전율의 나날

이승하 시선집

시인동네 시인선 044　　　　　　　　이승하 시선집

공포와 전율의 나날

시인동네

自序 1

「화가 뭉크와 함께」로 등단한 지 25년이 되었습니다. 1993년에 발간한 제4시집 『폭력과 광기의 나날』은 5쇄를 찍은 후 오래전에 절판되었습니다. 이 시집에 수록된 상당수의 시와 그 전후로 발표했던 시를 포함시켜 새로운 모습으로 시선집을 내게 되니 1970~80년대 수많은 사람을 옥죄었던 공포와 전율에 대한 기억이 되살아납니다. 21세기인 지금도 이 세상이 그때와 다를 바 없는 폭력과 광기의 나날임을 가슴 아파합니다.

2009년, 황사바람 부는 날에
이승하

自序 2

    김충규 형의 배려로 저의 시선집 『공포와 전율의 나날』을 문학의전당 시인선 73권째로 냈던 것이 어언 6년 저쪽의 일이 되었습니다. 이 시집마저 절판이 된 것을 안타깝게 생각한 고영 시인의 배려로 새롭게 단장하여 세상에 내놓게 되었습니다. 소망은 언제나 폭력과 광기가 사라진 세상, 공포와 전율을 못 느끼는 세상을 만드는 것입니다.

  2015년, 가을바람 부는 날에
  이승하

공포와 전율의 나날

自序

차례

제1부 공포의 나날

화가 뭉크와 함께 · 10
폭력과 비폭력 · 12
세계사 · 16
공포의 한낮 · 19
마라의 죽음과 183인의 죽음 · 22
1960~1980년 · 26
주검과의 키스 · 29
이 아이들을 위해 함께 기도를 · 34
종이 · 37
미역감는 남자들 · 40
변씨의 사진 · 42
아우슈비츠 · 21세기 · 45
현대의 묵시록 · 48
폭력에 관하여 · 52
고문에 관하여 · 56
이 사진 앞에서 · 60
이 아이의 눈동자 앞에서 · 62
폭력과 광기의 나날 · 64

1992년 크리스마스이브에 · 68

예수를 위한 기도 · 72

어무이 · 78

생명체에 관하여 · 81

생명에서 물건으로 · 84

혀 · 87

나는 러시안 마라토너 · 90

안과 밖 · 94

제2부 전율의 나날

잃어버린 관계 · 98

불안 · 101

무서운 꿈 · 104

? · 106

상황 1 · 108

상황 2 · 110

상황 3 · 112

상황 4 · 114

마네킹과 같은 · 115

상황 5 · 116

상황 6 · 118

이 거대한 병동에서 · 120

벽에 대한 기억 · 122

狂 · 124

불면증 · 128

망상 · 130

항우울제를 먹는 밤 · 132

신경성 위궤양 · 135

무방비도시 · 138

시계를 찬 상제 · 140

외다리로 뛰는 자 · 142

혀와 아이스크림과 성기 · 145

상상임신에서 가상섹스까지 · 148

죽음 연습 · 152

안민가(安民歌) · 154

본회퍼의 혼에게 띄우는 편지 · 156

짐 진 자를 위하여 · 158

헨리 밀러 씨와 외출하다 · 160

제1부 공포의 나날

화가 뭉크와 함께

어디서 우 울음 소리가 드 들려
겨 겨 견딜 수가 없어 나 난 말야
토 토하고 싶어 울음 소리가
끄 끊어질 듯 끄 끊이지 않고
드 들려와

야 양팔을 벌리고 과 과녁에 서 있는
그런 부 불안의 생김새들
우 우 그런 치욕적인
과 광경을 보면 소 소름 끼쳐
다 다 달아나고 싶어

도 동화(同化)야 도 동화(童話)의 세계야
저놈의 소리 저 우 울음 소리
세 세기말의 배후에서 무 무수한 학살극
바 발이 잘 떼어지지 않아 그런데
자 자백하라구? 내가 무얼 어쨌기에

소 소름 끼쳐 터 텅 빈 도시
아니 우 웃는 소리야 끝내는
끝내는 미 미쳐버릴지 모른다
우우 보트 피플이여 텅 빈 세계여
나는 부 부 부인할 것이다

폭력과 비폭력
―자코모 마테오티*에게

에이브라함 링컨(1809~1865. 4. 14.) : 워싱턴 포드 극장

김옥균(1851~1894. 2. 27.) : 중국 상해 동화양행(同和洋行) 객실

이토 히로부미(1841~1909. 10. 26.) : 만주 하얼빈 역

김좌진(1889~1930. 1. 24.) : 만주 영안현 자택 부근

여운형(1885~1947. 7. 19.) : 서울 혜화동 로터리

김구(1875~1949. 6. 26.) : 서울 경교장

존 F. 케네디(1917~1963. 11. 22.) : 텍사스주 델라스

마틴 루터 킹(1929~1968. 4. 4.) : 테네시주 멤피스

박정희(1917~1979. 10. 26.) : 서울 궁정동 만찬 석상

안와르 사다트(1918~1981. 10. 6.) : 이집트 중동전 전승 기념식장

베니그노 아키노(1932~1983. 8. 21.) : 필리핀 국제공항

인디라 간디(1917~1984. 10. 31.) : 뉴델리 차 속

자크 엘룰 : 폭력은 오만이요, 분노요, 광기이다.

랩 브라운 : 살육에 대한 유일한 대답은 살육이다.

스토켈리 카미차엘 : 백인은 사람들을 착취한다. 우리는 폭력에로 부름 받았다.

잘로 신부: 부정당한 폭력은 정당한 폭력에 의하여 구축되어야 한다.
프란츠 파농: 식민지인은 폭력 속에서 그리고 폭력을 통해 자유를 발견한다.

"나치즘에 대한 프랑스의 레지스탕스는 자유롭고 정의로운 공화국을 창건하려는 목표였다. 그러한 레지스탕스의 주인공들이 1945년 알제리의 세티프에서 4만 5000명의 인민을 학살하였으며, 1947년에는 마다가스카르에서 10만 명 가까운 대학살을 감행하였다."

선전포고도 없이
야만의 날들이 진군해 오고 있다 지상의 남은 빛이
일시에 사라지는 야만의 밤 까막눈의 밤 우후죽순같이
바라크들이 들판에 세워지고 망루의 탐조등
결국 세계는 감시하는 사람과 감시당하는 사람으로 분리될까
이윽고 하늘을 뒤흔드는 전폭기 폭력에 대한 폭력적 반동 혹은
非폭력에 대한 폭력적 반동 저공비행 속도를 죽인 마하의

전폭기 눈 깜짝할 사이 무차별의 폭력 조명탄으로 밝아지는
지상
　연기 기둥과 화염에 싸이는 나의 집 내 직장을
　예감한다 무자비의 폭격 어느 날 모든 사람들이 일시에
　표정을 잃게 되어도 나의 귀에는 오직
　신음 신음 숨넘어가는 소리
　귀를 틀어막아도 나의 귀에는 오직
　무거운 발소리 발소리 형장으로 향하는 발소리
　아무런 희망도 없이 기다려야 할 끈끈한 시간 앞에서
　누군가는 신념 때문에 누군가를 죽여야 하는지 누군가는
　폭약을 적재한 트럭을 몰아 벽을 향해 달려들어야 하는지
　소모품인 개인의 생명 하나밖에 없는 사람의 목구멍
　목구멍에서 나온 마지막 외마디 소리
　"브루투스, 너마저!"(카이사르)
　"아버지, 제 영혼을 아버지 손에 맡깁니다!"(예수)
　"나는 괜찮아……"(박정희)
　결국 세계는 심문하는 사람과 심문 받는 사람으로 분리될까
　입술이 터지고 해진 옷 어디론가 사라져간 그대

신념——죽어야 할 이유에 몰려 있던 그대

개인의 개인에 대한 테러와

개인의 집단에 대한 테러와

집단의 개인에 대한 테러와

집단의 집단에 대한 테러가

무엇이 나른가

물리적 폭력과 경제적 폭력과 심리적 폭력이

무엇이 다른가

묻고 싶다 자유로부터 격리되지 않으려고 일어선 그대여

우리는 자라면서 사람을 죽이는 법을 배우게 된다.

---

*자코모 마테오티(1885~1924, 이탈리아의 국회의원): 1924년 5월 30일의 국회에서 통일사회당의 마테오티는 지난번 선거에서 자행된 파시스트의 폭력과 불법을 날카롭게 공격했다. 소란해진 의회, 야유와 협박의 고함 속에서 연설은 거의 알아들을 수 없을 정도였으나 그래도 마테오티는 2시간 가까이나 단상을 차지하고 공격을 퍼부었다. 연설이 끝나고 국회에서 나갈 때 그는 동료에게 말했다. "내 장의(葬儀) 연설이나 준비하게." 연설하는 동안 무솔리니가 꿈쩍도 않고 줄곧 앉아 있기만 하던 그 모습은 인상적이었다고 한다. 그런데 과연 장의 연설은 필요했었다. 6월 10일부터 행방불명이 된 마테오티는 두 달이 지난 8월 16일, 로마에서 14마일이나 떨어진 라레르타렐리의 숲에서 시체로 발견되었다. 6월 10일에 그는 파시스트에게 연행되어 자동차 안에서 살해당한 것으로 추측된다.

세계사

....

"왕자님이 전사하셨다. 개나 고양이까지 살려두지 말라!"
칭기즈칸의 툴루이 부대가 행한 메르프 학살
13세기 초
부녀자 포함 70만 명 주살

....

"대역죄인들을 참하라!"
명나라 홍무제의 3차 숙청
14세기 말
1차: 1만 5000, 2차: 3만(胡黨之獄), 3차: 1만 5000

....

"위그노(캘퀸派)는 죄 끌어내 죽여라!"
聖바르톨로뮤의 대학살
1572년 8월 24일
구교도에 의한 신교도 5만 명 주살

....

"인디언은 인간이 아니다. 노소를 가리지 말라!"
인디언 사냥과 아메리카 건국사

100만→(학살, 멸족······ 보호구역에 감금)→50만 명(북미)
20만→(20년 후)→1만 4000→(30년 후)→200명(산토도밍고)
··

'크렘린발(發): 폴란드 포로들을 전부 처형키로 결정'
카틴 숲의 대학살 사건
1940년 ?월 ?일
장교, 하사관 1만 5000명 톱밥을 입에 문 채 구덩이 속으로
··

오이겐 뒤링 저 『인종, 도덕 및 문화 문제로서의 유태인』
에드와르 드뤼몽 저 『유태적 프랑스』
"유태인은 열등 민족으로 기생식물이며······"
제2차 세계대전 동안 500~600만 명 절멸된 것으로 추정
··

철사로 묶어 생매장, 우물에 거꾸로 집어넣기,
종대로 세운 채로 총살, 머리에 대못 박기
1950년 수도사단 북상 시 발견(평양·원산·함흥·형무소)
정전 후 남한 집계 피학살자의 수 12만 8936명
··

··························크메르 루즈··························
····················아르헨티나 군정························
···················팔레스타인 난민촌·······················
·································인간이여·········

공포의 한낮

아이티의 하늘이 너무 푸르다
지평의 끝 구름이 피어오르는데
점심시간일까 거리는 별 기척이 없다
익숙해진 것일까 총성에 아랑곳하지 않는
능청맞은 이웃을 배경으로 원주민 하나
심장이 뚫려, 한길에 드러누워
지구의 자전을 멈춰 놓았다

전 세계의 시곗바늘을 고정시켜 놓았다
《Newsweek》 1998년 1월 4일 자 34페이지
총알 하나가 한 사내의 숨통을 끊었으나
스페인의 아이티, 프랑스의 아이티, 미국의 아이티
총알 하나로 한 사내의 숨통을 끊지 못해
프랑수와 뒤발리에의 아이티, 장-클로드 뒤발리에의 아이티*
탕! 한낮에 총성이 울리고 느닷없는 외침 소리
나둥그러진 자네 그때 라디오를 듣고 있었나
무슨 소식을, 무슨 노래를, 또 무슨 성명을
자넨 이제 울지 않겠군 더 이상 항거하지 않겠어
민군평의회(民軍評議會) 의장 앙리 낭피 참모총장은 선거 실시를 거부했다지

나는 사로잡혔다 사진 한 장에
너무나 자연스럽게, 너무나 평화롭게 죽어 있기에
이제 이웃과 조국과 역사가 그의 이름을 지우리라
내 일을 남에게 떠맡기면서 내가 나를 지우게 되듯
거리의 핏자국 금세 지워질 테고 무풍의 거리

한가운데 나뒹그러진 자네 몸 금세 부풀어오르리라
한낮의 침묵, 침묵의 공포, 공포의 한낮에
나는 사로잡혀 있다 질식할 것만 같다 타인의 삶에
끔찍이도 무관심한 이웃을 배경으로 죽은 깜둥이

---

*1957년에 집권한 종신대통령 프랑수와 뒤발리에의 아들 장-클로드 뒤발리에가 1986년 2월 7일에 국외로 망명하자 아이티의 독재정치는 일단 막을 내렸다. 그 뒤 민군평의회가 발족되어 국회를 해산하고 정치범을 석방, 개혁 작업을 추진해 오고 있으나 그 속도는 부진하며, 시위와 폭동은 끊이지 않고 있다. 1987년에 실시될 예정이던 총선거가 무산되자 인구 600만의 이 나라에서는 또 한 차례의 총파업이 일어나 100명 이상의 사상자가 발생하였고 낭피는 도미니카로 망명하였다.

마라의 죽음과 183인의 죽음

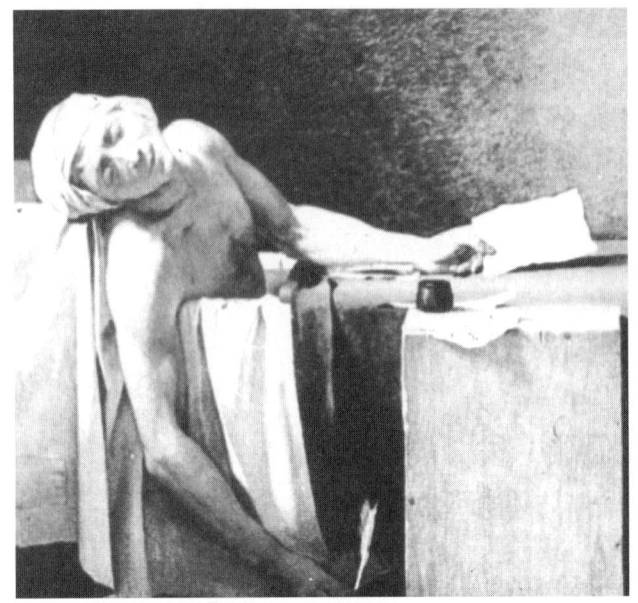

자크 루이 다비드, 〈마라의 죽음〉(1793, 브뤼셀 왕립미술관 소장)

한 생명체의 사라짐은
한 우주의 사라짐이리
한 생명체가 탄생하기 위해서는
두 생명체가 합쳐져야 하리

헤아릴 수 없이 많은 소우주들이
수백, 수천의 시간을 거슬러올라
합쳐져야 하리 사랑을 느껴야 하리
한 우주를 탄생시키기 위한
혁명은 피 없이 완성되지 않는가
왕정을 공화정으로 바꾸기 위해
국민의 자유와 평등의 권리를 천명하기 위해
그것을 지키기 위해
그렇게 많은 국민의 피*가 필요했던 것일까
마라**의 가슴에 단검을 꽂은
처녀 샤를로트 코르데***는 스물다섯 살이었다
국민의 자유와 평등을 위해
그녀도 피가 필요했던 것일까
인간이 피를 흘려 이룩한 소우주는
더 많은 피를 빨아들여야 우주가 되는가
183명의 목숨과 숱한 사람의 피를 빨아들인
이, 질환의 땅에서는 또 개나리가 피어나고

※ '인권선언'을 탄생시킨 프랑스혁명 이후의 역사는 유혈의 역사이다. 1789년 7월 14일 바스티유 함락에 100명이, 1791년 7월 17일 '샹드마르스의 학살'로 50명이, 1792년 '8월 10일 사건'으로 1000명이, 그해 '9월 학살'로 1만 4000~1만 6000명이 총검과 몽둥이에 맞아 죽는다. 프랑스 공화국에 대한 지방의 반란이 진압된 후(주로 1793년에) 리용에서 2000명 이상이, 툴롱에서 1000명 이상이, 방데에서는 그보다 훨씬 많은 사람이 집단 총살된다. 1793년 3월부터는 공포정치가 시작되어 10개월 동안 2600명이 목이 잘려 죽고, 공포정치의 화신 로베스피에르가 제거될 때는 104명이 함께 목이 잘려 죽는다.

장 폴 마라   샤를로트 코르데

마라(1743~1793): 프랑스혁명의 지도자로 공포정치를 행한 몽타뉴파의 중심인물. 의사 출신으로 신문 《인민의 벗》을 발간하여 파리 민중의 혁명적 민주주의를 옹호한 사람. 뛰어난 웅변 재능 덕에 기요틴 신세를 면한 것으로 유명하다. 1793년에 체포되었으나 자기를 재판한 국민공회에 나가 스스로를 변호하는 명연설을 함으로써 무죄 방면되었다. ―『들어라 세계여 시대여』, 책세상, 144~149쪽 참조.

샤를로트 코르데: "경건하며 현명하고 냉정한 두뇌와 열렬한 마음 가진" 이 처녀는 보다 온건한 지롱드파의 이념을 신봉했다. 지방 도시에서 단신으로 파리에 와 마라의 집을 방문, 욕조까지 들어가 단검으로 마라를 죽인 그녀는 사형선고를 받은 지 6일 후에 처형되었다. ―『大世界의 歷史』제8권, 삼성출판사, 94쪽 참조.

1960~1980년

I. 1960년 4월 19일 자 《한국일보》 기사

청주공업고등학교를 위시한 청주상업고등학교, 청주고등학교 학생 1500여 명은 18일 하오 1시부터 스크럼을 짜고 "압박과 설움에서 해방된 민족……"이라고 통일행진곡을 부르면서 "경찰은 학원에 간섭하지 말라" "학원에 자유를 달라" "3·15선거 다시 하라"는 구호를 외치면서, "마산학생 살해 고문경관 처단하라" "경찰은 학원에 간섭 말라" 등의 내용으로 된 삐라를 뿌리면서 데모를 하다가 경찰백차 또는 접차와 츄럭을 타고 출동한 정사복 경찰관으로부터 무차별 구타를 당하고 무차별 체포를 당하여 100여 명이 연행되었다.

II. 1965년 8월 26일 자 《동아일보》 기사

25일 서울에는 韓日協定批准 무효화를 외치는 학생 데모에 관련, 충격적인 두 개의 뉴스가 전해졌다. 그 하나는 이날 오후 1시 반 高大 데모 저지에 동원됐던 武裝軍人 수백 명이 高大構內에 난입, 도서열람실·강의실 안에까지 최루탄을

쏘고 실험실 기구를 부수고 학생들을 체포 연행한 사건이고, 다른 하나는 이날 오후 7시 朴正熙 대통령이 전국의 라디오·TV 방송망을 통해 학생 데모에 관한 소신을 천명한 것이다. 朴大統領은 "데모 만능의 弊風을 기어이 뿌리뽑겠으며 데모가 계속되면 학교의 폐쇄도 불사하겠다"는 강경한 태도를 보였다.

Ⅲ. 1980년 5월 17~27일 《동아일보》, 《한국일보》, 《한국일보》……

I-1

II-1

III-1

주검과의 키스

《동아일보》 제8회 한국국제사진전 은상 수상작
베트남 Nguyen Ngoc Ngnh의 〈TINH DONG DOI〉

1

순교자인가 누워 있는 그대
해방된 조국을 꿈꾼 전사인가
전쟁이 없는 시대
가진 자 없는 고향

못 가진 자 없는 나라
무엇보다 자유와 자존
평등과 평화를 소망하는
혁명가인가 뻘밭에 누워 있는 그대
스물 안팎의 나이일 텐데
세계가 그대에게 작별을 고하고 있다
인공호흡을 해주는 그대 전우의 입술은
죽음의 키스
잘 가라
그대 죽음의 의미를
수십 수백만 소년 병사의 죽음을
누가 잊어버릴까
아니, 누가 기억할까

2

전우,

내가 너와 같은 점이 있다면
같은 민족, 같은 나이, 같은 부대
그보다는 같은 생명체라는 것
이 지상에 하루라도 더 머물고 싶은
숱한 생명체 중의 하나라는 것
이 전쟁의 끝날이 언제일지 모르지만
소망은 그 어느 날 집으로 돌아가는 것
고향으로 돌아가 고운 색시 하나 얻어
밭 갈며 살아가고 싶다는 것
그런데 너는 죽었니?
죽어가고 있니, 응? 전우
눈을 떠라, 보고 죽어야 할
통일된 조국
생명체가 수류탄의 핀을 뽑아 던지고
생명체가 뻘밭 속에서 숨을 거두는
그런 나날이 없는
화평의 땅을

3

방아쇠를 당기면
자네 몸은 반동의 쾌감으로 가볍게 떨었겠지
폭음과 함께
몇 명의 따이한이 허공으로 튀어오르고
함성과 총성
단말마의 비명들을 뒤로하고
전진 아니면 후퇴
해가 지면 식기를 꺼내고
해가 뜨면 총기를 손질했겠지

건십에 날아간 전우의 주검과
살려달라고 부르짖는 따이한의 눈동자
뭐 그런 것들이 기억나겠지
그것이 전쟁이므로
적을 제압하는 길은
적들보다 견고한 의지

더욱 거침없이 생명을 거는 것이므로

자네는 달려갔었겠지
이방인의 가슴에 죽창을 꽂으러
부비트랩을 누르러
인류의 진보 역사의 진보
역사적인 월·미 수교
역사적인 월·한 수교를 위하여
숨이 턱에 닿도록 달려가진 않았겠지

이 아이들을 위해 함께 기도를

문밖에서 서성거리고 계신 신(神)이여
죽음을 지니고 태어난 저희들은
생명을 키울 용기가 없기에
아이를 낳지 않거나

굶주려 죽어가는 아프리카의 아이들(사진 연합통신)

낳은 아이를 버립니다
입가에 피를 흘리며

광란의 이 밤을
도박과 마약의 밤을
집단 자살과 집단 학살의 밤을
굶주림과 굶어 죽음을 밤을
AIDS 감염의 이 밤을
견디고 계신 의롭고
외로우신 신이여

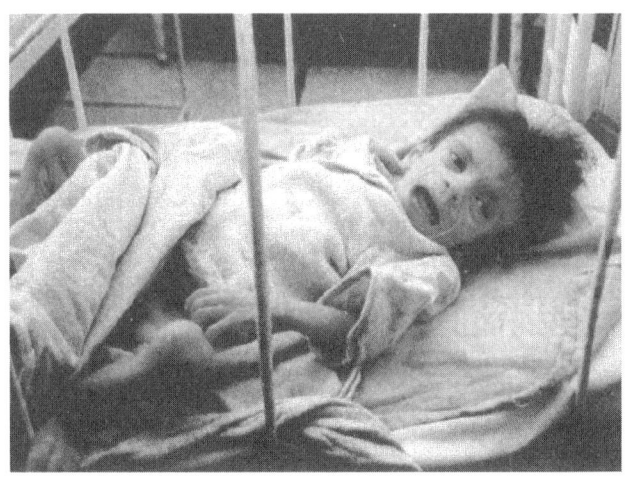

AIDS로 죽어가는 루마니아의 아이(사진 AP통신)

문 안으로 못 들어오시는 신이여
죽음을 지니고 태어난 저희들은
생명을 거둘 용기가 없기에
살인을 하지 않으면
살인 방조자가 됩니다

종이
―지식인들에게

1

오늘 그대 앞에 놓인 그 종이는
자술서입니까 전향서입니까
쓰자니 손 떨리고 가슴 두근거리는
왜곡 보도하는 기사문입니까
이실직고하는 참회록입니까
그 많은 친일 문인 가운데
참회록을 쓴 이는 없는 대한민국의
지식인들은 오늘도 종이 앞에 앉아 있습니다

2

서 있습니다 투표용지 앞에서
붓두껍을 들었을 때
일생 동안 춘원과 육당처럼 훼절한 적 없으신
제 아버지와 장인은 지식인입니다
『지리산』과 『태백산맥』을 읽으시는 아버지
《문예춘추》를 정기 구독하시는 장인
신념을 갖고서 통일주체국민회의 대의원을 뽑고
권총을 차고서 정계로 진출한 군인들을 옹호하는
두 어른은 대학을 나온 지식인입니다

3

내일 그대가 소리쳐 읽을 종이는
판결문입니까 선언서입니까
읽어도 손 떨리고 가슴 두근거리지 않는
양심과는 무관한 판결문입니까
양심에서 우러난 양심 선언서입니까
수많은 이 땅의 지식인 가운데
글로써 양심을 파는 이 없는(?)
대한민국의 지식인인 저는
오늘도 종이 앞에 앉아 있습니다

미역감는 남자들
— 에르바르트 뭉크의 그림 3

⟨Die Badend Manner⟩(1915, 오슬로 뭉크미술관 소장)

그대 광물성의 육체가 눈부시다
원인 모를 공포가 그대 성기를
일으켜 세우리 바다를 배경으로
멍든 하늘을 향해 발기하는
미사일에 탑재된 핵탄두처럼

그대 발사 기지의 위치나
미사일의 수를 모르나
알면서 모르는 척?
모르면서 아는 척?

패트리어트 미사일
스커드 미사일
피할 수 없어
일시적인 육체
일회적인 육체
그대 언젠가는
수포가 돋아나
죽게 되리
콘크리트에
그대 영혼
섞게 되리
눈부신 빛
속에서
시들고 말
그대 육체

대뇌 깊숙이로
뜨거운 광선이
들어가고 있어
하늘에는
버섯구름
그리하여
낙진

변씨의 사진
— 딸 민휘에게

珲春事件 후 和龍縣의 한 마을에서 있었던 일이다. 마을 전체가 불타고 있는데 '변씨'라는 30대 농부가 태극기를 들고 '대한 독립 만세'를 불렀다. 日軍은 그에게 고통을 주기 위해 총을 쏘지 않고 태극기를 들고 있던 오른쪽 팔을 어깨에서부터 내리쳐 잘랐다. 오른팔과 함께 태극기가 떨어졌다. 변씨는 남아 있는 왼팔로 태극기를 집어들고 다시 또 '독립 만세'를 외쳤다. 日軍은 일본도를 들어 다시 왼쪽 어깨를 내리찍었다. 변씨는 또다시 만세를 부르고 땅을 붉게 물들인 선혈 위에 쓰러졌다. 이 광경을 뒤늦게 본 선교사가 변씨를 병원으로 옮겼으나 그는 이 사진 한 장을 남기고 죽었다.

사진을 보면 변씨는 두 팔이 잘렸는데도 얼굴에 고통의 빛이 없고 눈은 부릅떠 있다.

내가 일본 감옥에서 12년간을 지낼 때, 마음이 약해지거나 용기가 스러지려 하면 항상 변씨의 마지막 모습을 생각하고 눈물 흘리며 어금니를 악다물곤 했었다.

— 李康勳, 「내가 겪은 일제 침략을 증언한다」(《동아일보》 1982년 8월 7일 자)

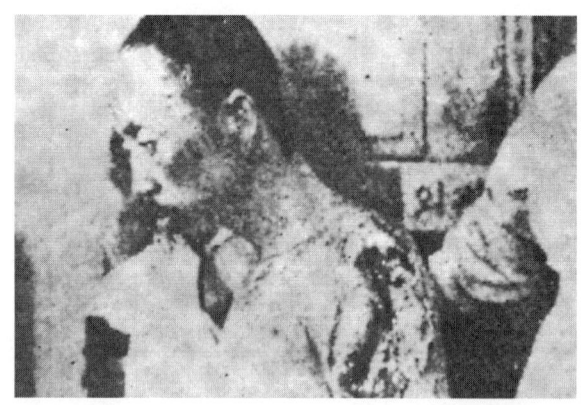

살다 지쳐 괴로울 때면
이 사진을 보아라
가다 지쳐 멈추고 싶을 때에도
이 사진을 보아라
아무렇지도 않다는 듯
바닥을 골똘히 응시하는 눈을
일본도에 잘려나간 두 팔을

애국은 들판에 씨 뿌리는 일이란다
비 오듯 흐르는 땀을 훔치며
하늘 한 번 올려다보는 일이란다
짓밟는 무리가 아무리 많아도
짓밟히는 무리는 힘을 기르고
힘을 못 길러 쓰러지고 견디고
견딜 수 없는 고통까지 견디고

내 딸 민휘야
내 태어난 이 땅에 네가 태어났으니

내 죽을 이 땅에서 네가 죽을 것이다
힘 못 길러 짓밟힌
조상의 한 사람인 변씨
그의 사진을 보며 네 아빠는 운다
떳떳이 죽어간 조상 앞에서

살다 지쳐 아주 괴로울 때는
이 사진을 보아라

아우슈비츠·21세기

"세상은 거꾸로 되었습니다. 존경받을 만한 사람들이 강제수용소나 감옥에 갇히게 되고, 나머지 보잘것없는 인간들이 국민을 지배하고 있습니다."
— 1944년 5월 25일, 안네 프랑크

"나에게는 용기가 있습니다. 형 집행의 순간까지도 그것을 잃지 않을 것입니다. 나는 어떻게 죽어야만 하는가를 알고 있습니다. 신은 보다 큰 힘을 부여해주실 것입니다. 후회하는 것은 하나도 없습니다. 이웃 사람과 이탈리아의 행복을 위해, 나는 의무를 다했습니다."
— 1945년 3월 모일, 뿌치 루이지*

어느 곳에서 장벽이 허물어져도
다른 곳에서 철조망이 세워지리
어느 곳에서 핵무기가 감축되어도
다른 곳에서 화학무기가 생산되리
각종 마약이, 미사일이, 쇠몽둥이가
누군가를 죽여 낱낱의 우주가 사라져도
21세기 지구 저편
어느 수용소의 담 밖으로
여전히 푸른 하늘, 맑은 공기,
따뜻한 바람 불어와

담 아래 하늘거리는 네 잎 클로버
희망과 빛의 기쁨을 얘기하리

희망의 빛, 빛이 주는 기쁨
혹은 생명의 힘, 사랑의 신비를
네 잎 클로버는 처형을 기다리고 있을
누군가에게 또 들려줄지 모르지만
안네야, 네 영혼에 새겨진 공포는
뿌치여, 네 손목에 채워진 굴욕은
21세기에도 이어지리
되풀이되리 내가 죽을, 내 딸이 살아갈
21세기에도 낱낱의 우주가
AIDS로, 마약 중독으로, 총에 맞아,
강간당한 후 목이 졸려
살려달라고 애원도 못하고
으, 으, 으, 끅, 끅, 끄으……

재림하신 예수님

단 한마디의 설교도 없이
통곡의 벽 앞으로 가
머리를 짓찧고 있는 모습이
내 눈에는 보이네

---

*뿌치 루이지: 29세. 기계공. 1916년 2월 15일, 구라도리 마을(비텔보 주)에서 태어나다. 44년 2월 형이 사망했던 독일의 수용소에서 귀환하여 짧은 시간 동안 가족을 방문한 후, 페몬테로 가서 젤마나스카 계곡 및 키조네 계곡 방면 GL 알프스 제5사단 '세르죠 토이아'에 곧바로 입단하다. 45년 2월 27일, 독일 파시스트 부대에 의해 소탕을 당했을 때, 부상한 동료를 안전한 장소로 옮기는 도중 체포되어 피네롤로 시(토리노 주)의 헌병대 병사로 연행되다. 3월 10일 17시, 키조네교(피네롤로 시)에서, 독일군 피네롤로 흑셔츠 여단의 혼성 총살반에 의해 제소레 형제 외 4명의 파르티잔과 함께 처형되다. ─도메니코 카란타 외, 『사랑과 저항의 유서』, 교양과학연구회 역, 사계절, 1984, 73~75쪽 참조.

현대의 묵시록

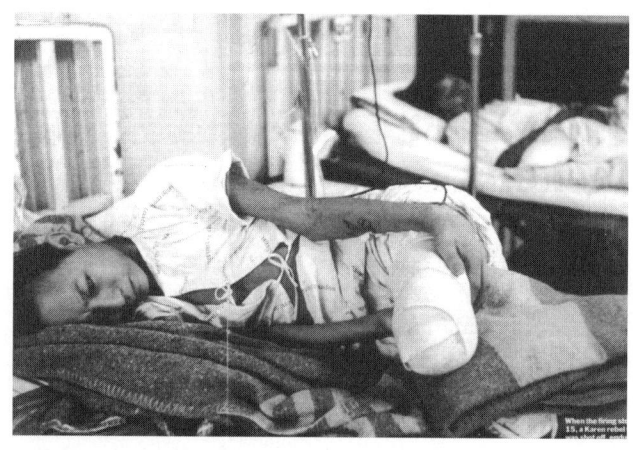

물속에서 군복 입은 시체가 떠오르리라
살과 피가 썩는 악취
터진 내장을 그대로 너덜거리는
한쪽 다리가 없는 시체
만신창이의 시체는 소년이리라
낙동강 전투 메콩강 전투
죽은 소년들이 수없이 떠올랐듯
강에서 산악에서 도시에서
수도 없이 버려지리라

소년들의 죽음은
태어난 순간부터 결정되어 있지는 않았네
사랑보다 먼저 증오를 배우고
용서보다 먼저 분노를 익힌
소년 병사들에게 물을 필요는 없으리
장난감이 아닌 그 총을
무엇을 바라 손질하고 있는가를
동요가 아닌 그 노래를

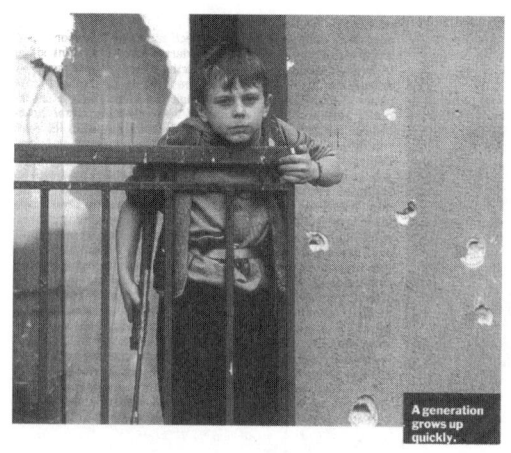

누구를 위해 부르고 있는가를

그런데도 어른들은 웃고 있으리
거기, 사람을 닮지 못한 어른들이
사람의 얼굴을 한 어른들이
의지할 주님도 없이 은총도 모른 채
문명의 고혹적인 입술 아래 경련하며
표적 없는 어둠 향해 방아쇠 당기리
피 마르지 않은 칼로

피 식지 않은 죽은 자를 난자하리
한 모금의 공기가 남지 않을 때까지
한 모금의 물이 말라 없어질 때까지

폭력에 관하여
―동하 형님께

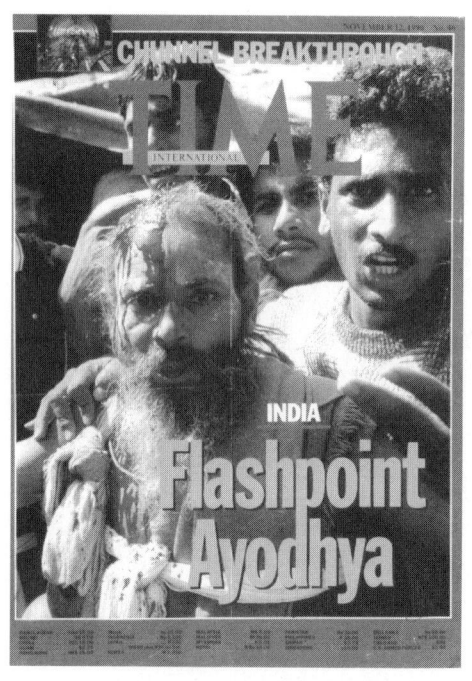

이 사진을 보십시오
《TIME》지 표지의 웬 인도 노인
피 철철 흘리며 저를 쳐다보고 있습니다.
수염과 가슴에 흘러내린 피는 그 성분이

그리스도의 피와
명지대 학생 강경대의 피와
모교의 후배 이내창의 피와
크게 다르지 않을 것입니다.

동시대에 함께 흘린 인류의 피가
죄 많은 조상의 보속이 아니듯
후대인을 위한 희생양으로서의 피도 아닐 것입니다.
얼마나 더 많은 피를 보아야
사람은 사람을 귀히 여기게 될까요, 형님.
말콤 X는
비폭력이 역사적으로 시대착오라고 했다지요.
프란츠 파농은
식민지인은 폭력 속에서, 폭력을 통해
자유를 발견한다고 했다지요.

도둑질했다고 매를 맞는 흑인 소년이
《TIME》지에 실려 있군요.

인류의 역사는 폭력의 역사였습니다.
소수민족에 대한, 약소민족에 대한
동족에 대한, 가족에 대한
폭력의 역사였습니다.
신을 찬양하고 사랑을 설교하면서도
칼을 휘두르고 방아쇠를 당겨왔으니

폭력은 참 얼마나 자연스러운 행위입니까.

얼마나 자연스러운 반복 행위입니까.
폭력은 폭력을 낳고
폭력은 폭력을 확산시켜
큰 폭력이 작은 폭력을 지배할지라도
저는 폭력을 반대하는 자들 편에
가담하겠습니다, 형님.
아무리 얻어맞을지라도
기절하지 않으면 정신은 더 또렷해졌지요.
한 인간의 폭력이 저를 장성케 했을지라도
저는 절망의 힘으로
폭력을 행사한 이를 용서하겠습니다.

아니, 용서할 수 없습니다.
정당한 폭력이, 해방을 위한 폭력이
하늘 아래에 있다 하더라도
폭력이 용서되어서는 안 될 것입니다.

고문에 관하여

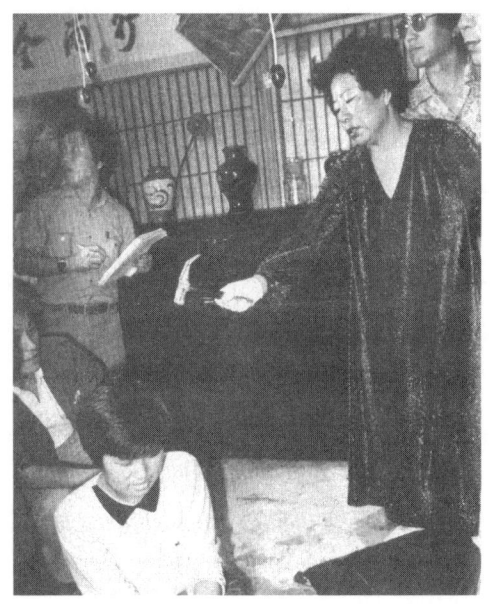

1981년 7월 22일 밤 9시 원효로에서 발생한 윤경화 노파의 살해 사건 용의자 고숙종 여인에 대한 현장검증을 실시하고 있다.

한 자연인이
아무 죄 없이 감금될 때
축제가 무슨 의미가 있을까
한 생명체가

아무 죄 없이 고문당할 때
기도가 무슨 의미가 있을까
우리가 지금
폭력을 방관한다면
폭력을 수단으로 삼는다면
폭력을 보고 저항하지 않는다면
내일의 예배가 무슨 의미가 있을까

고문의 시대가 가면
고문의 시대가 다시 오리니
고문의 시대가 가면
고문한 자와
고문당한 자만이 기억하리니
고문당하지 않은 자는
그 사실 까맣게 잊어버리리니
"너희는 모두 이것을 받아 마시라
이는 새롭고 영원한 계약을 맺는
내 피의 잔이니"

1982년 6월 18일 고문으로 허위 자백했던 고 여인이 1, 2심에서 무죄 선고를 받고 풀려났다. 허리와 다리를 못 쓰게 된 고 여인을 외삼촌이 부축하여 자택에 당도하고 있다. 고 여인은 1985년 2월 26일 대법원에서 무죄로 확정 판결되었다.

우리가 지금
폭력을 묵인한다면
폭력을 인내하며 산다면

폭력에 폭력으로 대항한다면
찬송이 무슨 의미가 있을까
살인 혐의에서 무죄 선고까지
그 길고 긴 나날들을
이 땅의 한 여인
고문으로 지새우며 살았으나

이 사진 앞에서

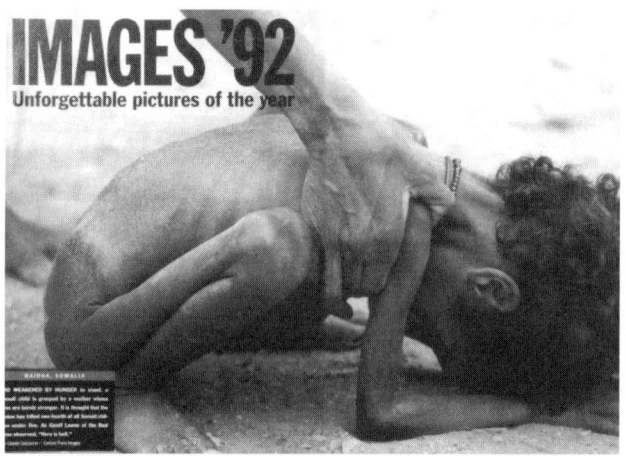

식사 감사의 기도를 드리는 교인을 향한
인류의 죄에서 눈 돌린 죄악을 향한
인류의 금세기 죄악을 향한
인류의 호의호식을 향한
인간의 증오심을 향한
우리들을 향한
나를 향한

소말리아
한 어린이의
오체투지의 예가
나를 얼어붙게 했다
자정 넘어 취한 채 귀가하다
주택가 골목길에서 음식물을 게운
내가 우연히 펼친 《TIME》지의 사진
이 까만 생명 앞에서 나는 도대체 무엇을

이 아이의 눈동자 앞에서

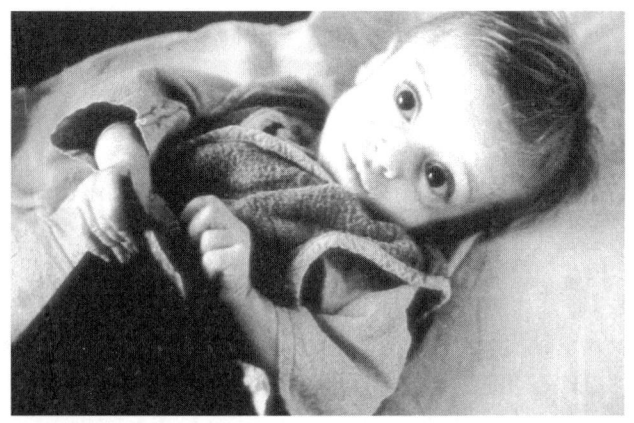

에이즈 걸린 루마니아 어린이: 차우세스쿠 정권은 이런 어린이들의 존재를 숨겨왔다.
—《시사저널》 1990. 12. 20.

이 아이 앞에서
성호 긋지 말기를
이 아이의 눈동자를 보고
기도 드리지 말기를
다만 묵상하기를
인류의 죄악에 대해
죄악에 대해 면역 결핍인
인류에 대해

인류의 미래에 대해

머지않아 죽을 목숨의 눈동자는
다 맑지 다 두고
죽을 운명임을 아는 목숨의 눈동자는
먼 하늘을 우러러보네
머지않아 죽는지도 모르기에
이 아이의 눈동자는 이렇게 맑을까
아무 죄도 없이
아무것도 모른 채
이 나라 가을 하늘보다 맑은
아이의 눈동자 앞에서
나는 누구를 위해 참회해야 하나
무엇을 바라 글을 써야 하나
태어났다는 이유로 목숨은 죽어가지만
태어나자마자 죽어야 할 아이
커다란 네 눈동자가 오래
오래 나를 쳐다보고 있구나

폭력과 광기의 나날

폭력 없는 시대가 있었던가
피라미드도 만리장성도
파르테논 신전도 앙코르와트도
폭력이 이룩한 거대한 건축물
강력한 폭력 무자비한 폭력
집단에 의한 불가항력의 폭력이
희랍의 신전을 건축하고
힌두교의 사원을 건축하였으니

인간이 창조해온 수많은 신은
당신들의 신전에서 울어야 마땅하다

광기 없이 어떻게
집단이 집단을 죽일 수 있으랴
1982년 친이스라엘 레바논 민병대원들이

팔레스타인 난민촌을 습격했을 때 죽은
1000여 명 중 성인 남자는 그렇다 치고
여자와 아이들은 땅을 잃어버린 자의
딸과 손자라는 죄밖에 없다
1988년 이라크에 투하된 독가스로
쿠르드족 수백 명이 살해되었을 때
아기를 안고 죽은 아버지는 그렇다 치고
아버지의 품에 안겨 죽은 아기는
이 세상에 태어났다는 죄밖에 없다

지상의 그 어떤 성벽도
폭력을 막기 위한 폭력의 벽
우리는 그 벽 앞에서 사진을 찍는다
유쾌하게 웃으면서 사진을 찍는다
지상의 그 어떤 거대한 구조물도
폭력을 상징하기 위한 폭력의 구조물
우리는 그 구조물 앞에서 그림을 그린다
멋있다고 생각하면서 그림을 그린다

폭력 없는 시대는 없었으니
마하비라*여
살해당한 사람과 살인한 사람은
죽어서 무엇으로 다시 태어나는가

폭력 없는 사회가 존재했던가
광기 없는 사회가 존재할 것인가

---

*마하비라(BC 599~527): 자이나교를 일으킨 24명 가운데 마지막 인물. 자이나교는 금욕적인 생활을 하라고 가르치면서 동물의 생명을 빼앗거나 짐승 고기를 먹는 것을 극단적으로 금하는 등 비폭력주의 교리를 갖고 있다. 윤회도 자이나교의 기본 교리다.

1992년 크리스마스이브에

모든 것을 보신 이여
올 한 해 지상의 어느 거리에서
몇 번을 흐느껴 우셨습니까
인종청소로 강간당하고 죽은
회교도의 딸들을 보시고
보스니아에서는 피눈물을 흘리셨을
모든 것을 아는 이여
굶주림과 병으로 죽어가는
세례받지 않은 아이들을 보시고
소말리아에서는 가슴이 찢어졌을
모든 것을 행할 수 있는 이여

아버지의 뜻이 하늘에서와 같이
땅에서 이루어지지 않은 1992년
10월 28일*도 그냥 가고
크리스마스도 다가와
캐럴은 이 땅의 거리마다 울려퍼집니다
집집마다 철모르는 아이들은

산타클로스가 주실 선물을
기다리고 있을 것입니다
저는 흥겨운 TV 프로그램을 보다
《시사저널》지 12월 24일 자를
무심코 펼쳐보았습니다

"회교인 죽이면 한달에 6달러,
어린애도 무차별 총살"
'인종청소' 가담, 강간 살인 일삼은 세르비아 병사의 고백

내전의 참화 : 끝없는 죽음의 행렬이 이어지고 있다.

무고한 피해자 : 세르비아 병사들에 의해 강간당한 회교 여성들.

우리에게 잘못한 이를
우리가 용서하듯이
우리 죄를 용서하소서
그러나
인류에게 잘못한 이를
우리가 용서하듯이
우리 죄를 용서하지는 마소서

보스니아 민병대를 죽인 세르비아 민병대와
세르비아 민병대에 의해 강간당해 임신한
보스니아의 딸들과
그들의 새 생명체에
모든 것을 아는 이여, 강복하소서

---

*지구 종말을 부르짖던 많은 사람들이 이날을 종말의 날이라고 주장하였다.

예수를 위한 기도
—듀안 마이클*과 함께

Le Christ, à la télévision, est vendu par un hypocrite de la religion.

나와 동갑일 때 죽었던 그대
또 팔리고 있군
종말을 외치는 종교인의 손에
헐값으로 팔리고 있군
그대를 위해 기도하리니
오늘 하루는 매매되지 말기를

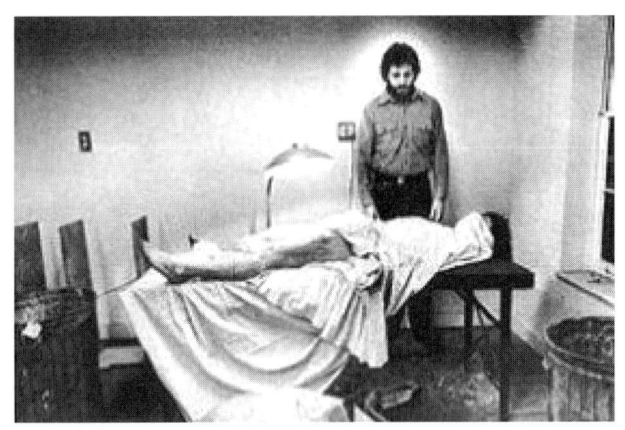

Le Christ pleure quand il voit une jeune femme qui
est morte à cause d'un avortement clandestin.

어머니 보는 앞에서 죽었던 그대
또 눈물 흘리고 있군
어머니가 못 되고 죽은 여인을 보고
무력함에 울고 있군
그대를 위해 기도하리니
오늘 하루는 슬퍼 울지 말기를

골고다 언덕에서 죽었던 그대
또 매맞고 있군
폭력에 익숙한 자들의 손에
그날처럼 폭행당하고 있군
그대를 위해 기도하리니
오늘 하루는 매맞지 말기를

Le Christ mange de la nourriture pour les chiens avec une vieille dame ukrainienne à Brooklyn.

40일 동안 금식했던 그대
또 굶주리고 있군
개 먹이를 먹는 노파와 함께
개만도 못하게 천대받으며 사는군
그대를 위해 기도하리니
오늘 하루는 배불리 먹기를

Le Christ voit une femme en train d'être attaquée.

단지 여자라는 이유만으로
또 어디선가 돌을 맞고 있는데
죄 없는 자가 돌을 던지라고
외치지도 못하고 있군
그대를 위해 기도하리니
오늘 하루는 목청껏 외치기를

서른세 살로 죽었던 그대
또 한 번 죽고 마는군
한 강도의 총에 맞아
뒷골목에서 횡사하는군
그대를 위해 기도하리니
다시는 부활하여 상심하지 말기를

---

*사진은 듀안 마이클(Duane Michals)의 〈LE Christ A New York〉에서 전재한 것. 사진 하단의 글씨는 작가의 자필 설명. 『듀안 마이클―열화당 사진문고 9』, 강운구·권오룡 옮김, 1987.

어무이

몸 성히 돌아와야제……
어무이……
이 자석아……
지 걱정일랑 마시고……
……
……

어무이 말문을 잃고
자식도 말문을 잃고
정범태의 사진을 보며
나도 말문을 잃고……
종로서적 한 귀퉁이에서
눈시울이 뜨거워
주변을 둘러보다
손수건을 꺼내고……

고려 때 원나라로 끌려갔듯이
일제 때 정신대로 끌려갔듯이

남의 나라로 젊은 그대
영문도 잘 모른 채
끌려가고 있네
살아서 돌아오지 못하면
어무이 가심에 박힌
그 못은 우야노

생명체에 관하여

1
모태 속에서 세상 소식 모른 채
나날이 자라난 도모꼬는 생명체
하느님 보시기에 좋았을까요

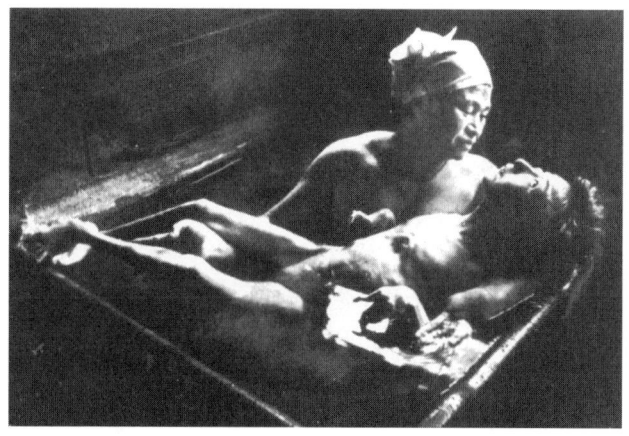

유진 스미스, 〈도모꼬를 목욕시키는 어머니〉(1972)

죽어가는 아들의 머리맡에 앉아
새벽을 맞는 어머니의 눈은
얼마나 아름다운 것일까요

2
한때는 수억 마리 번식했으나
멸종하고 만 생명체들
곧 멸종할 생명체들
하느님 보시기에 좋을까요
우리가 살릴 수도 있는

《문화일보》 1994년 4월 4일 자 5면에서 전재

낙엽이 지는 숲속에서

늦가을 들판에서
새끼를 낳는 그 생명체의 눈은
얼마나 아름다운 것이었을까요
우리가 살릴 수도 있었던

3
내가 태어나기 전에 멸종한 생명체가 무엇인지
내가 살아 있을 때 멸종한 생명체가 무엇인지
내가 죽은 후에 멸종할 생명체가 무엇인지
나는 모르네 내가 아는 것은
종말의 순간은 반드시 온다는 것
인간도 언젠가는 멸종하리라는 것
그 숱한 생명체들을 멸종시킨 죄로

지구는 도는데 나는 사라지고 없으니
지구는 도는데 나는 무덤 속에 누워 있으리
지구는 도는데 나는 흙먼지가 되어 날리고 있으리
언젠가는 반드시

생명에서 물건으로

종(種)이 사라지는 아픔은 없다
코뿔소가 사라지는 아픔은 없다
코끼리가 사라지는 아픔도 없다

Desperate measures. *Dehorning tranquilized rhinos with a chain saw is a controversial last-ditch strategy to deter poachers.*

《U. S. NEWS & WORLD REPORT》 1993년 11월 15일 자에서

나, 소비의 주체이니
돈을 벌어 물건을 살 뿐
나, 카드의 주인이니
카드를 꺼내 사인을 할 뿐

나, 승용차의 소유자이니
기름을 채워 운전을 할 뿐

때때로 자식을 데리고 대공원에 가면
코뿔소는 아직 코에 뿔이 달려 있고
코끼리는 아직도 코가 손이다
상아 있는 코끼리가 있다
코뿔 없는 코뿔소는 없다
종(種)은 아직도 엄청나게 많고

나는 서서히 살아간다
생명에서
나는 부지런히 사라진다
물건의 사용자로
물건으로

White gold. *Thirty tons of unmarketable ivory worth $75 million is stockpiled in Zimbabwe.*

혀

6학년이 1학년 혀 절단

'학교폭력' 심각 "돈내놓아라" 마구 때린뒤 부모에 못알리게

경기 포천경찰서는 7일 하급생에게 돈을 가져오지 않는다며 구타한 뒤 이를 부모에게 알리지 못하도록 혀를 자른 혐의(상해 등)로 곽아무개(13·중1)군을 입건해 조사중이다.

경찰에 따르면 곽군은 ㅇ초등학교 6학년이던 지난 7월 19일 오후 2시께 후배 임아무개(10·5년)군과 함께 같은 학교 1학년 이아무개(8)군을 학교 화장실로 끌고 간 뒤 "왜 돈을 가져오지 않느냐"며 주먹으로 마구때렸다.

곽군 등은 이어 강제로 이군의 혀를 잡아 당긴 뒤 "부모에게 알리면 죽이겠다"며 문구용 가위로 혀를 1cm 가량 자른 혐의를 받고 있다.

이군은 이후 보복이 두려워 포천읍 홍외과(원장 홍건식)에서 2차례의 수술을 받는 등 7개월여 동안 치료를 받아오면서도 이 사실을 숨겨오다 지난 4일 이군 어머니 장아무개(38)씨가 경찰에 신고해 이런 사실이 밝혀졌다.

이와 관련해 이군을 치료한 홍건식 원장은 "수술 뒤 별다른 장애는 없을 것으로 보이나 정신적인 충격은 클 것"이라고 밝혔다.

포천/권기석 기자

《한겨레신문》 1996년 3월 8일 자에서

혀가 돌아가지 않는다

가위로 혀를 자르는,
주먹으로 마구 때리는 정도로는 안 되겠기에
혀를 잡아당겨
문구용 가위로 자르는,
입안 가득 피가 뿜어 나오는,

턱을 타고 줄줄 흘러내리는,
1cm 정도 잘려나간
혀 때문에
입 다물어야 하는 순간, 순간들
혀 놀릴 수 없는 시간, 시간들

아이가 본 세상이 온통
핏빛이라고 해서 내가
6학년 곽 아무개 아이의
1학년 이 아무개 아이에 대한 폭력을
뜯어말릴 수 없는 절망은
이미 절망도 그 무엇도 아니다
보이지 않는 그곳에서
가해자가 가위로 가하는 고통은
가히 고통도 무엇도 아니다

그런데 웬일인가
기, 기사를, 보, 본

그 수, 순간부터
혀, 혀가 자, 잘
도, 도, 돌아가지 않는다

나는 러시안 마라토너

나는 달린다
돈벌이를 위해 먹고살기 위해 직업을 얻기 위해
무서운 연습 무서운 추위 무서운 감독님
일그러진 얼굴로
가쁘게 숨 몰아쉬며
달리는 먼 길
달려도 먼 길
한겨울의 마라톤 연습
1월의 그 추운 새벽에
깜깜한 거리로 뛰쳐나갈 때
아니, 내가 지금 무엇을 하는 건가
내가 왜 이런 바보짓을 하는 건가
하루 평균 최소한 30km
금요일의 오전과 오후는 25km씩

1년에 달려야 하는 거리
지구의 4분지 1
나는 지금 달린다

내 발이 몸의 일부 같지가 않다
마의 25km 지점을 넘어서면
갑자기 어두컴컴해지기도 하는
맑고 푸른 하늘
갑자기 노래지기도 하는
온통 붉은 노을
가쁘게 숨 몰아쉬며
나는 달린다 귀가
떨어져나갈 듯한 통증
욱신거리는 온몸…… 아버지!
범죄자도 행려병자도 아니었건만
당신은 지금
모스크바 시체 안치소에 계십니다
썩을 수 없으신 몸

장례비 비싸 냉대받는 "시체"

장례비를 벌어야 해
장례비를 마련하기 위해
나는 지금 달린다
시체들이 쌓여 있는 시체 안치소에서
아버지를 꺼내기 위해
썩지 않고 있는 냉동실에서
아버지를 꺼내기 위해
아버지를 썩히기 위해

러시아, 안치소마다 시체 포화상태
월수입 8만원에 장례식은 28만원

나는 아버지가 물려주신
튼튼한 심장
튼튼한 두 다리로
마라톤 평원을 달린 전사
필리피데스처럼 달린다
"우리가 이겼다!"

이 한마디를 하고 그는 죽었다지만
나는 기필코 우승해 외쳐야 한다
"내가 이겼다!
아버지를 이제 꺼낼 수 있다!
아버지의 시신을 이제 썩게 할 수 있다!"

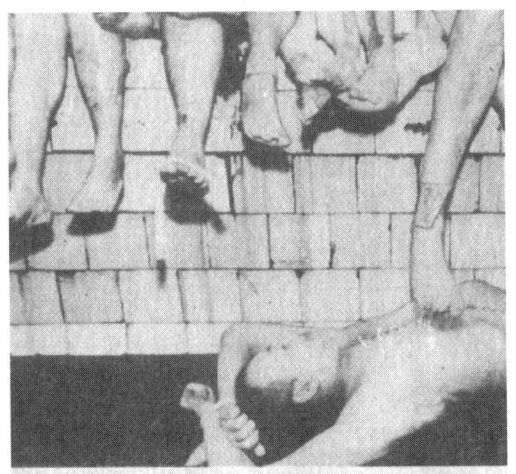
◆모스크바 시체안치소에 쌓여 있는 시체들. 장례비용이 없어서 한달 이상 방치된 시체들도 많다.

---

*3분 되어 있는 신문기사의 제목과 사진은 1995년 1월 26일 자 《스포츠서울》에서 가져옴. 원래 일본의 시사주간지 《포커스》에 실렸던 것.

안과 밖

나는 언제나 저 철조망이
저주스러웠다 그런데 어처구니없게도
내가 아무것도 하지 않고 있었음을
한참 지나서야 깨달았던 것이다 그렇게
시작되었다 살아남기 위한
지난한 몸부림이

맑은 창공, 조각구름이 흐르던 날
생각하였다 죽음은 단지 사라짐인가
내가 내가 되지 않고서도
내가 우리가 될 수 있을까
감시탑 뒤로 우두커니 서 있는
세계의 하반신이 불타고 있었다

엎드려! 서치라이트를 피해
긴 어둠의 끝으로 기어가며
내내 울었다 그때 발뒤축마다에
숨쉬며 따르는 별이 있었다

의당 사랑해야 할 여러 개의 추상명사가
아주 가까이에서 반짝였다

개 짖는 소리 일순 당겨진
살처럼 긴장한다 들키면 마지막이야
내가 정작 우리가 되었을 때
우리라는 집단은 잠들지 못한다
어느 한때 나는 안 적이 있었던가
시치미를 떼고, 서로의 팔뚝에 놓던 모르핀을

잠시 회상하였다 어린 시절의 놀이터와
즐겨 부르던 노래 몇 소절을
갑작스런 섬광, 나의 눈에는
영원토록 흐를 강이 비쳤다 그래도
자유의 이름으로 고뇌할 수 없는
소리 없는 몸부림과 무수한 철조망들

제2부 전율의 나날

잃어버린 관계

나를 노려보지 마라, 잭 니콜슨
아니, 맥머피*
철조망 안에 서 있는
너의 눈빛이 너무 무서워
나는 죄가 없어, 맥머피
아니, 용서받을 수 없는 죄를 졌다
낳아주시고, 키워주시고, 학교까지 보내주신

애비와 에미를 나는 열여섯 살에 버렸었지
나이를 먹으면서 친구와 친척을,
동료와 전우를, 애인을 버렸었지
얼마나 오래 탈옥을, 일본으로의 밀항을,
지상으로부터의 탈출을 꿈꾸었던가
인천 이씨 성을 버리기 위해 얼마나 발버둥이쳤던가
관계를 맺을 때마다 얼마나 두려움에 사로잡혔던가
더 이상 죄의식에 사로잡히고 싶지 않아
맥머피, 나쁜 자식, 네가 뭘 안다고
나를 노려보니?
처형하지 않으면 처형되기 때문에?
무서운 애비와 에미
그분들을 내가 처형해도
모든 것을 알고, 모든 것을 행하는
신은 나를 용서하리라 믿었었지
누대의 조상은 이해하리라 믿었었지
난 더 이상 잃어버릴 것이 없단다
그러니 노려보지 마라, 잭 니콜슨

아니, 맥머피
철조망 밖에 서 있는
너의 눈빛이 너무 무서워
나를 이 감옥에서, 이 세계에서
이 거대한 병동에서 내보내주어
철조망을 걷어주어…… 빨리!

---

*맥머피: 정신병원을 무대로 한 켄 키지의 소설 『뻐꾸기 둥지 위로 날아간 새』의 주인공 이름. 이 소설은 1975년 영화로 만들어졌고 잭 니콜슨이 맥머피 역을 해 아카데미 남우주연상을 받았다.

불안

둘이서 계속 따라오고 있었어요 정말이에요
—이곳에서는 아무도 당신 말을 믿어주지 않아요
철판 위에서 삽질하는 소리가 들려요 괴로워요
—이곳에서는 아무도 당신 말을 들어주지 않아요
사람들이 나를 알아보고 경적을 울려요
—이곳에서는 아무도 당신을 귀찮게 하지 않아요

누군가 나를 보고 있는 것만 같아
겁먹은 눈으로 돌아보면
내 시선을 피하는 겁먹은 얼굴들
약에 취해 있거나 얼이 나가 있다
이곳은 광장이 아닌데
광장에 있을 때와 같이 불안하다
도시라는 광장 직장이라는 광장
사람들이 모이면 형성되는 광장
그 광장으로 밀어버려 쏴버려

무수한 가로등이 파열하고 있었어

헬리콥터 계기판의 바늘이 마구 흔들렸어
탄창을 갈아 끼우며 울부짖었지
전우의 원수를 갚겠다고 맹세했었지
내 누구를 위하여 대검을 휘둘렀는가
누구를 향하여 방아쇠를 당겼던가
피로 얼룩진, 얼룩무늬의 군복을 입고서
나는 거품을 물고 땅에 입맞추었네

1억이 군복을 입고 있대
전 세계 과학자의 절반이 음으로 양으로
전쟁을 준비하고 있대
베트남에서는 기형아들이 태어나고
체르노빌에서는 기형 식물이 자라나고 있대
내 귀에는 도청 장치가 되어 있어
꿈속에서도 둘이서 계속 따라다녀

나는 불결에 대한 불안으로
또 화장실에 가 손을 씻고 싶은데

너는 발작에 대한 불안으로
오늘도 온갖 헛소리를 늘어놓는 거냐
베트남에서 기형아가 태어나건
체르노빌에서 기형 식물이 자라건
그게 너와 무슨 상관이란 말인가
이 병원에서 너를 내보내줄 사람이 없는데

우리의 보호자는 그달에도 끝내
면회 오지 않았다

무서운 꿈

튀는 공이 되어 나를 향해 달려들었다 식은땀을 흘리며
부르짖었다 누가 내 목을 조르고 있다 사람 살려어
나를 못살게 구는 놈이 누구냐 내 그를
없애야 한다 누군가가 죽지 않으면 내가 죽는다
박테리아와 곤충은 남아 있을 거라는 말세가 오더라도
우선 살기 위하여 누군가를 없애야 한다 나는 살고 싶다
……비명을 토하는 그녀의 복부에 나는 힘껏 칼을 꽂았다
그녀는 고꾸라졌다 미리 준비한 이발용 면도기를 꺼냈다
양팔과 두 다리를 절단했다 비닐백에 담고 보니 살코기가 듬뿍한
인간의 토막——피범벅이 된 사지, 몸통과 머리.

종일을 걸어도 제자리였다오
뿌리 깊은 증오심
허구한 날들을 넋 나간 놈처럼 헤매었지만
열려 있는 대문 하나 찾지 못했다오
타인은 모조리 지옥입니까
사람 사는 마을을 찾아

내 지친 육신 이끌고 헤매었지만
종일을 걸어도 제자리였다오
숨쉬고 있는 주검들만 보였을 뿐.

죽여야 한다 사상적으로 화해할 수 없는 이방인을, 동족을
학살해야 한다 더 새로운 무기 아니, 박테리아를 배양해서라도
이제는 뼈다귀와 잿더미만 남아 있는 이 지상에서 행해지는
그 어떤 범행도 기록되지 않으며
그 어떤 범죄도 벌받지 않는구나
하늘에서 풀풀 떨어지는 죽음의 재여.

사람 살려어 사람 살려어
외쳐야 한다 도움을 청해야 한다
물에 빠진 나는 벙어리인데……

?

개인과 전체가 한군데에 묶여 있다
개인과 전체가 묶여서 피 속의 흰피톨처럼 움직인다

나는 앞으로만 걸으려 애쓴다 마음과 달리
내 몸은 자꾸 뒤로 밀려난다
(이때의 나는 피해자이다)
한 지점에서 늘 다른 지점으로
알지 못할 힘에 의해 밀려난다
(이때의 나는 가해자이다)
동시대를, 살아 있다는 이유로 살고 있는
낯익은 사람과 낯선 사람, 내국인과 외국인
묶여서 움직인다 지구가 태양계를 벗어날 수 없듯이

아무 거리낌 없이 살고 싶었다
나의 자유가 세계의 자유로 확대되는 날까지
내 일상의 충만함이 세계의 충만함으로 확대되는 날까지
나는 걷고자 한다 그러나

(   )이라는 속박 밑에서 나는 해방될 길 없다
가까이 살면서도 알지 못할 (   ) 때문에
총기를 닦고, 벽을 만들어 세우고
대치한다
나와 그, 우리와 그들, 아군과 적군으로

열심히 듣는 자는 보지 못한다
열심히 보는 자는 듣지 못한다
마른 땅 위에서 뱃멀미를 하며
나는 어디로 걸어가고 있는가
숨탄것들 때가 되면 다 죽어야 하는데
……나는 아직도 인간인가?

갑자기 어디선가 연속적인 총성이

상황 1

난생 처음 임종을 지켜보았지

홀로 집에 돌아왔을 때
집은 휑뎅그렁하니 비어 있었거든
정체 모를 두려움, 불을 켰으나
바로 정전이 되었지

초를 찾아 불을 밝혔는데, 젠장
어둠이 잠복한 방 안에서
내가 나를 보고 있었거든
분명한 음영의 무시무시한 얼굴
거울 앞으로 다가갔지

창백하게 얼어 있는 허구(虛構)
나는 떨었다 저건 치명적인
거짓이다 세상의 거울은 거짓말만 속삭인다
노려보는 두 눈, 고개를 들 수 없어
그때, 육체를 강타하는 배설의 욕구

화장실 문이 고장으로 잠겨 있었거든
촛농이 손등에 마구 흐르고
문이 열리지 않았다 문이 열리지 않았다 문이
나를 용납하지 않고 있었다

어디선가 내가 나를 보고 있었거든
몸을 돌려, 비틀걸음으로
거울 앞으로 다가갔지
나는 맨주먹으로 그놈을
아아, 있는 힘을 다하여……

상황 2

회의 장소·일시·참석자는 다 결정되었는가?
네.
참석자에게 다 연락했는가?
네.
회의에 필요한 자료는 다 준비했는가?
네.
회의의 절차는 정해졌는가?
네.
설명에 필요한 OHP는 준비되었는가?
네.
회의장의 마이크 시설은 확인했는가?
네.
조명이나 에어컨 장치에는 이상이 없던가?
네.
음료수도 준비되었겠지?
네.
어떤 안건들이 나올까 짐작이 가나?
네.

회의가 끝난 뒤

자, 사(社)의 무궁한 발전을 위하여 우리 다 같이 건배……

불이야!— 불이야!—

출입구가 막혀 있다 비상구도 막혀 있다 숨이

막혀 누가 나를 짓누른다 녀석의 이름은

〈명령〉

상황 3

틀렸다 달아나자 화살보다 빠르게 담벼락을 뛰어넘어
튀자 임마 뭘 하고 있니 시간이 없다 호루라기 소리
사방에서 어지러운 구둣발 소리
저놈 잡아라! 저기다!
누군가 들킨 모양이다 머뭇거릴 시간이 없다 어서, 어서
죽음이냐 연명이냐 선택해야 할 때가 마침내 온 것이다
몸은 자유로웠으나 줄곧 사로잡혀 있던 의식과 무의식
정해진 날짜에, 반드시 정해진 시각에
자리를 뜨고
사람을 만나고
대금을 지불하고
보고서를 올리던 우리
사업상의 약속들 입증해야 했던 입증할 수 없었던
원인과 과정이 우리의 발목을 잡고 있는데, 등 뒤에는
인간의 얼굴을 한 공간 공간들
쥐도 새도 모르게 사라지는 행간 행간들
자신도 모르는 사이에 우리는 누군가를
해치우는 데 열중하고 있었던 거다 나도 모르는 사이에

내가 나를 죽이고 있었던 거다 나는 나인데 내가 아니었다
쉿! 아무 얘기도 하지 마 숨을 죽여 생각을 죽여
벽에 바짝 붙어 놈들이 가까이에 있다
될 대로 되라 나는 순응하겠다고 일사불란하게
언제나 질서정연하게 정해진 스케줄에 따르던 나날의 끝
변동이 없는 규약문을 훔쳐 멀리 달아나려 했다
모든 의혹의 창틀을 부수고 화살보다 빠르게 담벼락을 뛰어넘어
그런데 제기랄, 누군가 들킨 모양이다 튀자 임마 뭘 꾸물거리니
여기는 막다른 골목이 아냐
밤이 우리를 보호하고 있다
우리는 공범이다

상황 4

자가 깼을 때 사방은 캄캄했다 헉, 숨이 막혔다
기나긴 터널 속 끝이 보이지 않는데 멀리 열차 바퀴
소리 내 촉각이 순식간에 살아났다 힘줄이 뻣뻣해졌다

발작적으로 일어났다 앞으로 뛰어야 하나 뒤로 뛰어야 하나
심장의 고동 소리 발이 떨어지지 않는데 어느새 열차 바퀴
소리 뇌를 후빈다 하느니이이임 들려오는 것은 나의 부르짖
음뿐

온몸을 떨며 벽에 붙었다 축축한 벽이 몸에 감겼다 그때,
벌거벗은 내 몸을 향해 쏟아지는 광선, 음향, 그때,
내가 들고 있던 것은 숟가락 하나, 숟가락 하나뿐

마네킹과 같은

초점잃은시선으로나를보지마라너는식물이냐동물이냐숨쉬는
사람이냐눈에보이는게없니끊임없이상승을꿈꾸는저가로수는
바람앞에서차라리자유스럽다어떠한부당에도분노할줄모르는
사슬을끊고달아날생각을해보지않은너는가발쓰고멍청히있는
저마네킹과무엇이다른가싫으면싫다고하라반응을보이란말야
바보녀석너는지금모르지만조롱당하고있는거야유리관안에서
철창속에서수정할수없는규칙속에서배부름에만족한돼지처럼
사육되고있는거야개코도모르면서박수를치면서따라웃으면서
가정을위하여이웃을위하여건설을위하여세계의평화를위하여
변명에불과해옳은것을위하여나는일하고투쟁하고죽는다고?
무엇이옳은가?쇠창살속에서듣는컴프레서소리무엇인가줄창
붕붕대는소리철커덩철커덩쿵쿵차르륵차르륵자르르찰각찰각
다이얼을돌리고버튼을누르고스위치를넣고서명을하는동안에
너는말을잃고말문을잃고끝내는벙어리가된채아무런말도없이
죽어가는것이다그렇다면나는?하루두번참회의기도를올리고
세번이상반드시타협하는나는?묵인하는나는?그동태눈으로
나를보지마라때려주겠어차라리증오에찬눈으로나를노려보라
손뼉을치는동안에너의영혼은육체를빠져나갈것이다노려보라

상황 5

금전 몇 푼을 위한 출근길
수백 일 벽을 마주해야 오도송(悟道頌)을 읊을까
오전 9시 15분 전, 2호선 전철 속
손끝 하나 제대로 움직이기 힘든
타인의 숨결이 뒷덜미로 느껴지는
초여름 초만원 전철 속에서
코피가 터진다

황급히 고개를 쳐든다
턱을 타고 줄줄 흘러내리는 피를
닦을 수 없다
피는 넥타이와 와이셔츠를 적시지만
닦을 수 없다
피는 왈칵 밀려드는 사람의 파도 속에서
타인의 등에도 묻지만
닦아줄 수 없다
내 피가 당신의 등을 더럽혔노라고
사과할 수도 없다

밟고 밟히는 발
사과의 말 대신
소리 죽인 신음, 기어드는 비명
이 많은, 많고 많은 사람 가운데
양옆의 두 사람만이 나를
힐끔힐끔 쳐다보고 있는데, 그때
내 착잡한 마음속에 흘러드는
한 줄기 빛

이렇게도 살아가는구나 여기서도
내 이렇게 존재해 있음을 느끼는구나
그럼 열반에의 길도 찾을 수 있겠구나

상황 6

 기웅이와 함께 삼촌을 따라간 복날…… 맑은 공기…… 깊은 숲속이었다…… 여기가 좋겠어…… 동네 청년들은 잠시 앉아 땀을 훔쳤다…… 삼촌이 시작하자고 외쳤다…… 날씨 화창한 그날, 울창한 나무 사이로 쏟아지는 몇 줄기 무심한 햇살…… 신이 나서 껑충껑충 뛰던 누렁이를 삼촌이 한 청년의 도움으로 자루에 집어넣었다…… 어어, 누렁이를 왜…… 나무에 매달아 놓은 자루를 청년 둘이서 몽둥이로 패기 시작했다…… 깨갱 깽 깽 깨갱 깽깽깽…… 비명이 숲에 울려퍼지고…… 누군가의 륙색에서 솥이 나왔고 큰 물통도 나왔다…… 솥이 걸리고…… 삼촌, 누렁이가 뭐 잘못했어?…… 저래야 고기가 연해지는 거야…… 퍽퍽 쉴 새 없는 몽둥이질…… 깨갱 깽깽 깨갱 깽깽…… 기웅이가 귀를 틀어막더니 뒤로 벌렁…… 가끔씩 간질 발작을 해 초등학교 4학년에 올라가면서 학교 관두고 자물쇠 공장에 나가 일을 배우던 기웅이…… 벌렁 나자빠져 거품을 입가에 물고…… 난 고기 안 먹을래…… 짜식, 보신탕집에 따라와 잘만 먹더라…… 이것도 힘든데…… 몽둥이는 다른 청년에게 넘어가고…… 비명이 끼잉끼잉 신음소리로 변하더니 잠시 후 멎어버렸는데도 때리고, 더 때리고, 다시 때리고…… 뼈와 살이, 머리와 등이 맞는 소리…… 기웅이가 낙엽 위에 드러누워 흰 눈자위 가득한 눈으로 하늘을 봤다…… 그 정도면 되겠다…… 피범벅이가 된 누렁이가 자루 속에서 나왔다…… 시뻘게진 누렁이는 다시 나무에 매달렸고…… 껍질을 태우는 냄새…… 뻣뻣하게 뒤틀려 있는 기웅이의 사지…… 경련하는 한쪽 다리를 잡았다…… 가자, 기웅아…… 냄새가 너무 지독하다…… 자꾸 올라오려고 그래…… 얘, 어디 가니?…… 삼촌도 사람이지? 삼촌도 사람이지?…… 왜 애들을 달고 와선…… 기웅아 고만 해라…… 냄새가, 냄새가 안 나는 곳으로 널 데려다줄게…… 하늘이 보이는 무덤가로 나는 기웅이를 질질 끌고서…… 나는 울면서 쏟아지는 햇살 속으로…… 토하고 싶은 기분으로 샛노란 햇살 속으로…… 기웅이 옆에 꿇어앉아 웩웩거리면서…… 아무것도 보이지 않는 햇살 속에서……

이 거대한 병동에서

저절로 생겨난 작은 담석 하나에도
고통을 못 참아 약을 놓아달라고
고래고래 고함을 지른다
응급실 쪽에서는 어디를 다쳤는지
차라리 죽여달라고
누가 심야에 고래고래 고함을 지른다
이 거대한 사람의 병동에서

악몽을 꾸다 한밤에 깨어나면
팽팽해진 방광 부리나케
화장실로 가 불을 켠다
부리나케 달아나는 바퀴벌레
진화를 거부한 벌레 한 마리가
무사히 몸을 숨겨 목숨을 건진다
이 거대한 동물의 병동에서

부리나케 달아나야 하는 날이 있었다
화염병과 최루탄의 공방 속에서

방패를 들고 갑충의 옷을 입고
후배며 동생들한테 쫓겨 달아난 날
한길에서 단체 기합을 받으면
목숨을 건 벌레의 질주가 문득 생각났다
이 거대한 이데올로기의 병동에서

어떤 날은 느닷없는 불빛 쏜살같은 공격
달아날 곳을 못 찾아 멈칫거리다
내 실내화에 등이 터져 벌레는 죽기도 한다
아아 진화를 하지 않았다는 바퀴벌레야
너는 왜 나로 하여금 살해의 충동을 불러일으키느냐
너는 왜 나만 보면 죽을 둥 살 둥 달아나느냐
이 거대한 조물주의 병동에서

벽에 대한 기억

머리를 깎였다
이곳에서 나를 내보내달라고
식판을 집어던지며 날뛰자 간호사는
사흘 사지를 묶는 징벌을 가하는 대신
내 머리를 밀었다 스님처럼 면벽
참선해야 한다 밤에
벽을 더듬으며 방을 돌아본 자는 알 것이다
벽이 왜 있는지를 왜 만들어왔는가를
얼마나 많은 벽이 들판과 사람을,
하늘과 사람을, 사람과 사람을, 나와
내가 사랑하는 사람들을 가로막아왔는가를

독방에서
내가 지금 조롱당하고 있는가 무시당하고 있는가를
생각해보았다, 곰곰이, 여러 날
웬걸, 나는 인정받고 있었던 것이다
열 명 중의 한 명
백 명 중의 한 환자가 아니라

한 명이었던 것이다 정해진 시간에 체조를 하고
정해진 시간에 청소를 하지 않아도 되는

교도소에 수감된 자가
정신질환자로 판명되어 석방된다
그는 두 가지 자유를 한꺼번에 얻은 것이다
스스로 미치지 않았다고 생각하는 자가
정신질환자로 간주되어 격리된다
그는 두 가지 고통을 한꺼번에 얻은 것이다
전자의 경우는 드물지만
후자의 경우는 흔하다

狂

우리가 언제부터 미쳐갔는가를 신(神)은 알리라

마르크 샤갈, 〈피안 없는 시간(Le Temps N'a Point De Rives)〉
(1939, 뉴욕 근대미술관 소장)

청어가 울고 있다
청어가 날고 있다
날개에 피칠을 한 채
어디로 날고 있나

우리는 우리를 제외한 남들을 불신한다
남들의 말은 그럴듯해도 곧이듣지 않는다
그렇게 길들여져 있다 잘 훈련된
우리들의 육체와 영혼
시간을 철저히 지킬뿐더러
과업을 초과 달성하고 언제 어디서나
치밀한 계획하에 사고하고 행동하는 우리는
이미 자기 자신의 노예 전체의 노예
우리는 어떠한 해방도 한사코 거부한다

착란의 시간이다 나는 인질로 잡혔다
총부리 앞에서는 아무것도 요구할 수 없다
누구도 내게 일을 주지 않는다

말을 걸지 않는다
물을 마시고 싶을 때 물을 마실 수 없다
잠자고 싶을 때 잠을 잘 수 없다

습관과 관습의 세계는 지금 완전한 균형

도취의 시간이 지나면
마취의 시간이 지나면
하늘에 떠 있을 나의 심장
살아 있는 내 주검의 머리 위에
진눈깨비가 내린다 창살 바깥의 많은 장님들이
나를 뚫어지게 본다 많은 귀머거리들이
몰려와 내 기도 소리에 귀기울인다
두려움에 떨며 나는 조용히 피 흘리기 시작한다

〈최루탄 연기로 얼룩진 저 하늘 위로 날아오르고 싶다〉

광기의 시간이다 나는 명령을 받았다

상부로부터의 명령, 나는 명령을 내린다
이 마을은 베트콩 마을이다 포위하고 불을 질러
단 한 명도 살려두지 마라
수억의 열려진 상처에서 흘러내리는 피와 고름을 봐
음악이 듣고 싶을 때 신음이 들려온다
말하고 싶을 때 누가 입을 틀어막는다

왜, 아침이 되면 저 무서운 태양이 떠오르는가
왜, 우리의 몸은 30조의 세포로 형성되어 있는가
왜, 우리의 대뇌피질에는 150억의 신경세포가 있는가
왜, 밤이 오면 우리는 사나워지는가 우리 언제쯤 숨을 거둘까
기분 나쁘게 진눈깨비가 추적추적 내리고 있다
약 기운이 떨어지고 있다 약을 다오 약을
아아 약만 있으면…… 우리는 전쟁을 치르고 있다……

의문 없이 사는 것이 행복인가 불행인가

불면증

사흘 밤낮을 꼬박 새운 눈으로
밝은 세상에 나가 물상을 보면
생명 가진 것들은 다 죽이고 싶지

꽃밭에 석유 뿌린 뒤 불지르고
쥐틀로 잡은 쥐를
쥐틀째 양동이에 넣어 익사시키고
개미집을 찾아다니며 파헤치던
그런 날들이었네 박해의 기쁨과
자학의 쓰라림으로 빈사 상태가 되면
내 살갗을 뚫고 들어오던 주삿바늘

꿈도 없는 잠에 빠지면
48시간 후에나 깨어나지
목이 타고 방광이 터질 듯하여
걸음 옮길 힘도 없는 상태가 되어

그런 날들이었네 밤인지 낮인지 모르고

선인지 악인지 모르고
자기긍정 혹은 자아도취
타인의 호의에 대한 지독한 냉담으로
조물주의 침묵에 대한 광포한 적의로
구원받느니 악마에게 영혼을 팔겠다고 다짐하던
그런 결의의 날들이었네 핏발 선 눈

무엇인가 잘못되어 있었네
인류의 삼분지 이가 굶주릴 때
나머지는 과식하거나 비만을 걱정하듯
왜 한 존재는 다른 존재에게 짐이 될까

한 존재를 용서하기가 왜 그토록 어려웠을까
용서할 수 없는 고통도 고통이지만
사랑하는 것보다 더한 고통이 없다는 것을
깨닫기 위해 잠 못 이루던 날들

망상

사람들은 도대체
관련 맺지 못하고 있어
토막토막 사물들이 부단히
해체되고 있어 생각과
생각이 제대로 이어지지 않아
몸과 마음은 수시로
겔이 되었다 졸이 되었다
친구들 교복 입고 등교할 때
나는 병원에 가 테스트를 했지
낱말 맞추기 연상 퀴즈
즐겁지 않은 퍼즐게임
내 영혼의 어느 부분이
일그러져 있는가를
그림을 맞추면서 시험받았지
결과는 통원 치료 요망
입원은 안 하셔도 되겠습니다

(아직 안 해도 된다구요?)

고맙습니다 선생님
이 순간에도
지구상 어디에선가 또 한 사람
사형당하고 있다는데
고문당하고 있다는데
제가 그냥 있어야 되겠습니까
죄짓고 벌받지 않는 사람과
죄 없이 벌받는 사람 중 누가 더 많은지
도대체 모르겠습니다 선생님
무슨 큰 기쁨을 바라
오늘도 저는 죽어라고 살아가야 하는지
도대체 모르겠습니다
그 많은 죽은 사람들 덕분에
그러나 저는 살고 있지요

의사는 빙그레 웃으며 처방전을 내민다
가 약이나 타서 드시라고?

항우울제를 먹는 밤

알 수 없는 병명을 알기 위해
병원을 찾아다니는 나날
원인 불명의 병명을 찾아
의사 선생님을 찾아다니는 나날
고통의 가치에 감사하다가
고통의 무가치에 절망하기도 하네
몇 종의 의학사전에 나와 있는
기이한 병명, 해괴한 고통들
몇 가지의 증세가 나와 같으니
나는 도대체 몇 가지의 병을 앓고 있는지
몇 가지의 고통이 나를 자유롭게 하고
때로는 내 자유를 구속하는지

왜 암사마귀는 수컷의 꼬리가 아직 교미 상태에 있는 것을
그 머리부터 먹어버림으로써 배를 채우는가?
터키의 지진으로 눈 깜짝할 새에 죽은
남녀노소 수백 명의 죄악은 무엇이었을까?
누가 이 우주를 창조했단 말인가?

어쩜 내가 잘 아는 사람들이 어제오늘
병으로 사고로 그렇게 잘도 죽어가는지

의사 선생님은 몇 봉의 신경안정제
혹은 몇 봉의 항우울제를 주네
너무 신경 쓰지 마십시오
한두 달 병가를 내고 집에서 쉬시던가
여행을 하는 것도 한 방법이겠습니다
글은 당분간 안 쓰시는 것이……

항우울제와 함께 마시는 술은
달다, 진로 소주가 설탕물보다 단 날의 밤에
나를 위로한 애인을 향해
술잔 들어 축복하네
나를 용서한 벗을 향해
술잔 들어 감사하네
너와 내가 짐 지고 있는 십자가가
예수가 짐 졌던 십자가보다 무거울지라도

살아 있는 우리가 가야 할 길은 아직 멀고
여전히 멀고
진정으로 멀어야 함을 너는 아는지?
나는 안다네, 잘 알고 있네

신경성 위궤양

그날 그 독극물을 게워내지 않았더라면
이승 하직했을 목숨이었으니
축복하소서 우주를 주관하시는
(몸도 하나의 소우주지요)
절대자여 절대로 현현하지 않는 분이시여
제 형편없는 위장을 축복하소서
게워낸 후에는 꼭 맺히는 눈물
생명체의 증거인 눈물방울에게도

지옥이 어떤 곳인지를 알고 싶으면
새벽에 신경성 위궤양으로 나뒹굴면 되지
대낮에 금방 토하고 싶은 기분으로
거리를 걸어보면 되지
뛰어들 골목길도 없는 대로에서
수많은 사람들이 보는 앞에서
위장에 담겨 있던 온갖 음식물을
게워낼 때의 수치심

지옥은 명부(冥府)가 아닐 것이네
혹간은 동료들과 함께 밥을 먹다가
왝, 숟갈을 내던지고
화장실로 달려가 기성을 내질렀지
하늘이 노래지는 오바이트
게워낸 후에는 꼭 맺히는 눈물방울
울고 싶지 않았지만
나는 번번이 소리 내어 울고 말았지
다리에 힘 빠져 비틀거리는 지구

신의 의지로 창조되었다는 세상을 향해
나는 5년간 온갖 음식물과 약을 토했다네
고통의 미사를 집전했었다네
고통스러울 때만 살고 싶다고 빌었으니
이 죄인에게도 축복을, 절대자여
수치심마저 버리고서
지금도 토하기 직전의 기분으로 살아갈
쇠창살 저쪽의 수많은 동료들은

왜 죗값의 나날이 거룩한지를 알까
종말과 함께 현현할 분이시여
지상의 모든 죄악에게도 빛을!

무방비도시
— 삐끼의 노래

즐기고 싶으슈?
하룻밤 화끈하게 놀구 싶으슈?
스물도 못 된 속 빈 아가씨들 껌 짝짝 씹으며
눈부신 사이키델릭 조명 밑에서 기성을 질러대거나
주스 한 잔 시켜놓고 파트너의 출현을 기다리고 있죠
— 기찬 아가씨, 기찬 나체 쑈 있습니다!
14통 15통을 잇는 0.537km
크라운 호텔, 해밀턴 호텔, UN 쇼핑센터 사이사이
몸살 나는 욕망을 채워 드리죠 화끈화끈하게
하룻밤 끝내주게 놀구 싶으시면
코너*랑 부담 없이 놀구 싶으시면
저를 찾아주십쇼 술값 몸값 두둑이 갖고
이태원, 국제도시로 각광받고 있는 이태원으로 오십쇼
— 좋은 자리로 모시겠습니다! 영계 앉혀 드릴까요?
겁 없는 딸아이들이 이태원으로 모여들고 있습니다
집이 싫은 딸아이들이 이태원으로 모여들고 있습니다
이 나라의 밤이 여러분을 환장하게 만들죠?
즐겁게, 흔들어요, 흔들어보세요

이태원에 오시면 꼭 저를 찾아주세요
―안녕히 갑쇼! 또 옵쇼!

---

*코녀: 속어, 코메리카 걸(Komerica Girl)의 우리식 발음. 이태원 밤거리를 어슬렁거리는 소녀들을 일컬음.

시계를 찬 상제

최민식 사진집 『인간』 제6집에서

또 한 인간의 죽음이 잉태한
아픈 시간의 인자들
산 자들, 무슨 죄 있어

망자를 울며 보내고
상복 불태우고

연기 사라진 하늘가로
그대 자식이 입었던 수의도
불태워져 연기로 사라질 터이니
사라질 것은 차례차례
이 땅에서 다 사라질 터이니
울지 말아라 이승의 피붙이들아
저 저승이 여기보다 못하진 않으리
그 어떤 끈보다 질기다는
사람의 명줄이야 반드시 끊기는 법

이 땅과 저 태양도 반드시 식는 법
그러니 너무 그렇게 울지 말아라
시간은 누구에게나 공평하니
지상에서 울리는 모든 시계 소리는
인간을 위한 진혼곡이니

외다리로 뛰는 자

최민식 사진집 『인간』 제6집에서

외다리로 사는 그대
비상구를 찾아서 뛰어가고 있는가
도처에서 나타나는 지옥에의 계단들을
외다리로 올라가고 외다리로 내려가고
분단된, 분리된, 분열된 지상의
어느 닫힌 문을 두드리려 하는가
두드리면 정말 열릴 것인가
열리지 않으면 더듬어보게
지상의 어두운 방마다 무르익은
젖가슴 혹은 치부를
들여다보게 성심(聖心)으로
들여다보게 성령(聖靈)으로
아비 없이 태어난 예수의 울음이
또 한 세기를 저물게 하는데

그대는 지금 '국회 공천 상위(常委) 정상화'라는
1면 톱기사가 난 신문을
정치가가 된 장군들에게

사업가가 된 성직자들에게
배달하러 뛰어가고 있는가
팔과 다리를 하나씩 절단한
이 땅의 버림받은 군상을 외면한 채
헌금함을 엿보는 예수가 있다면
묵비권을 행사하는 예수가 있다면
대권주자의 기도를 들어주는 예수가 있다면
외다리로 부지런히 뛰어가
그의 얼굴에 그 신문을 덮게
외다리로 죽을 그대

혀와 아이스크림과 성기
— 희화(戱畵), 1991년

1호선 전동차를 타보셨는지?

필사적인 출근길과 파김치의 퇴근길
신도림역, 용산역, 서울역에서 매일
동일한 외침과 마주친다
1992년 10월 28일에 불의 심판을 받습니다
여러분! 하나님 믿고 구원받으십시오!
하나님을 믿으면 천국에 들어가고
믿지 않으면 지옥으로 갑니다!
휴거의 피맺힌 외침을 들으며
나는 무엇을 연상해야 하는가
개가 콩엿 사먹고 버드나무로 올라간다는데
울고 싶은 심정으로
전동차에 빨려든다 기계의 몸체 속으로

너나없이 들고 있는 스포츠 신문에는
미국의 농구 선수 매직 존슨에게
AIDS를 옮겼을지 모르는

후보 미인들의 사진이 실려 있다
후보 미인들의 사진을 보며
나는 무엇을 연상해야 하는가
개 씹에 덧게비라는데
울고 싶은 심정으로
전동차를 갈아탄다 기계의 몸체 속에서
때로는 낯선 아가씨와 바짝 붙어서서
신문 속 만화의 정사 장면을 함께 본다
바짝 붙어서서 함께 보지 않을 수 없을 때
나는 무엇을 연상해야 하는가
개 눈에는 똥만 보인다는데

'올해 대학가의 유행어' 기사를 보며
나는 무엇을 연상해야 하는가
그놈의 아이스크림 때문에
밥도 먹지 않고 떼를 쓰는
어린 딸을 아침부터 울리고
한 시간 남짓 만에 도착한 회사

퉤퉤, 커피에 혀를 데며
《디자인 저널》지를 들추면
혀와 아이스크림과 성기의 조화
나는 무엇을 연상해야 하는가
개 팔자가 상팔자라는데

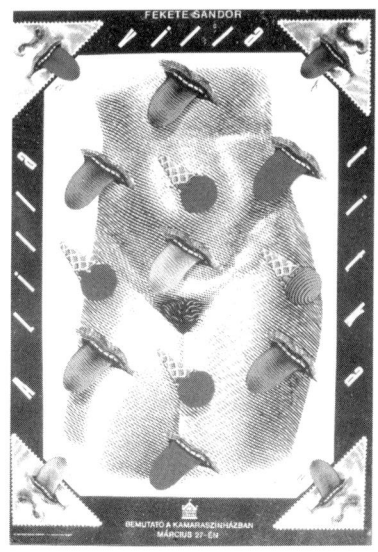

아아 꼬리를 감추고 싶다

상상임신에서 가상섹스까지

프랑스, 미국 등에서 개발 완료 단계에 접어든 가상섹스는 ▲3차원 영상과 생생한 현장음을 만끽할 수 있는 기기를 머리에 쓰고 ▲몸의 상태를 점검, 컴퓨터로 전달하는 특수복을 입고 ▲컴퓨터의 지시에 따라 자극을 주는 장비를 손에 부착, 컴퓨터의 명령에 따르면 실제와 같은 행위에 몰입할 수 있다.
 '미래의 섹스'로까지 불리는 가상섹스를 놓고 성문란으로 인한 AIDS 등의 부작용을 없앨 수 있다는 긍정적인 평가가 나오고 일부에서는 비도덕적이라고 비난하는 등 찬반양론까지 일고 있다.
―《한국일보》1994년 3월 15일 자 11면에서

장자(莊子)여
그때도 상상임신이란 게 있었습니까
마침내
가상섹스(cybersex)의 시대가 도래했습니다
사람이
기계와 더불어 '실제처럼' 생생하게
교접할 수 있는 세상이
먼 미래가 아니라
현실이라 합니다

과학기술의 눈부신 발전이
이제는
홀아비도 외롭지 않게
과학주의와 기술결정론이
이제는
미망인도 서럽지 않게
오오, 장자여

기계가 있으면 꾀를 부리게 되고
꾀를 부리면 마음도 천성을 잃고
도(道)를 저버린다고 하신
장자여
저희는 이제
인공수정·시험관 아기의 시대를 지나서
가상섹스의 시대로
막 돌입하고 있습니다

올 때까지 온 것인지

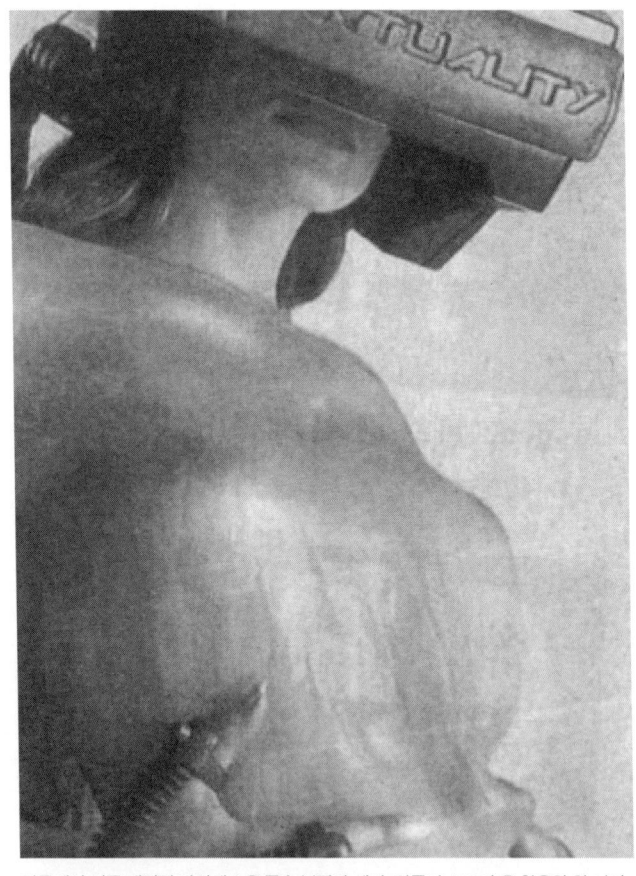

미국에서 최근 개발된 가상섹스용 특수 복장과 센서. 컴퓨터 스크린을 착용한 한 여인이 실제와 느낌이 같은 가상 행위에 몰입해 있다.

갈 때까지 간 것인지
어디까지 갈 것인지
저도 모르겠습니다만 황천에서
그렇게 발작적으로 웃지 마시고
계속 지켜보아주십시오
가상현실(virtual reality) 기법이 실용화되는
이 컴퓨토피아의 세계를

죽음 연습

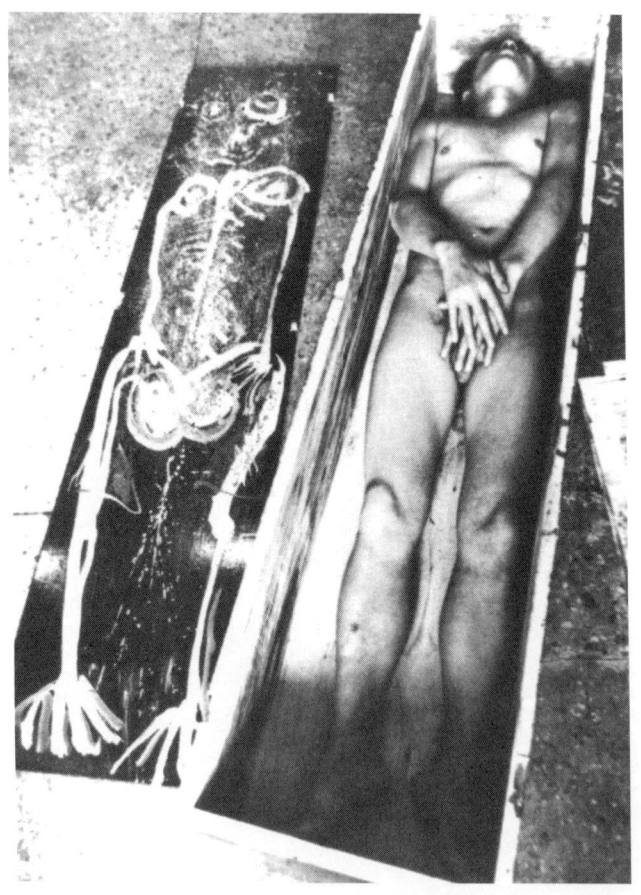

최민식 사진집 『인간』 제6집에서

너무 좁지 않을까
내 발길
경상·전라·강원·충청·서울
다 닿아도
내 숨길
제주·일본·태국·홍콩·LA
다 닿아도
숨이 멎으면 눕게 될 공간
두 팔 뻗을 수 없는
두 다리 벌릴 수 없는
이 공간이
내 영원한 고향이 될 터이니
영혼이 그리워할
육체의 흔적이 오래 남을 터이니
미리 한번 누워나 보자
성기에 의해 태어나
성기로 씨를 뿌리고 만
내 부끄러운 성기를 가리우고

안민가(安民歌)

4320년의 겨울, 한반도 남방
가는 곳마다 쓰레기의 산 말의 더미
포켓마다 온통 만 원권 지폐
완전히 미친 상하좌우
세계가 놀란 인산인해
여의도에서 보라매공원까지 대학로에서
나는 그날의 노래를 들려주고 싶었네
너는 너답게 나는 나답게
우리는 우리답게 하지 못하고*

속옷을 찢긴 시대는 상복을 입네
이 땅을 버리고 어디에 갈 것인가

*충담사의 「安民歌」 중 "君如臣多支民隱如 爲內尸箏焉"을 변용. 삽입한 만화는 넝마공동체 발행 『넝마』 3집 51쪽에서 인용.

본회퍼의 혼에게 띄우는 편지

그 감옥에서 그대
몇 번을 기도했는지 기억하지는 못하리
죽게 될 날을 기다리며
아니, 그래도 풀려날 기적을 간구하며

무슨 축복인 양 중심이었던 그 사람
총각으로 죽은 나사렛의 한 젊은이
예수의 이름에 배어 있는 피의 의미를
기도하는 도중에라도 깨달았다면
디트리히 본회퍼*
그대 죽기 전에 이미 구원받았을 사람이네

그 감옥에서 그대
몇 번을 참회했는지 기억하지는 못하리
나도 기억할 수는 없다네
누이를 데리고 다닌 이 나라 정신병원의 수와
내 입속으로 털어넣은 몹쓸 알약의 수를

무슨 복음인 양 중심이 될 그 사람
못 박혀 죽은 나사렛의 한 불효자
예수의 이름에 배어 있는 고난의 의미를
편지 쓰는 도중에라도 깨달았다면
디트리히 본회퍼
그대 죽기 전에 이미 부활했을 사람이네

그 감옥에서 그대
몇 번을 절망했는지 기억하지는 못하리
내 절망이 철망으로 차단된 그의 세계를 벗어나
밤마다 꿈에 멀쩡해져 만날지라도
구원이며 부활을 꿈꾸진 않으리
내 다시는 나를 위해 고해하진 않으리

---

*디트리히 본회퍼(1906~1945): 세속세계에서 기독교의 역할을 강조한 독일의 개신교 신학자. 히틀러를 타도하려는 계획에 가담했다가 투옥되어 처형당함.

짐 진 자를 위하여

너의 짐을 져주는 일이 얼마나 고통스러웠던가를
너는 생각해본 적이 있는가
나는 고통에 짓눌려 딱정벌레처럼 위축되어
이게, 기어가는 것인지 죽어가는 것인지
촉각 잘린 귀뚜라미처럼
관절염 앓는 어머니처럼
나는 살아가고 있는데
네가 캄캄한 밤에 돌이 되어
내 앞에 엎드리면
나는 너를 지고
너의 짐까지 지고
어디쯤에 이르러 숨 돌려야 할까
울음 참으며 당도한 곳이 막다른 골목이면
울음을 그냥 터뜨려야 하는지
돌아서서 다시 걷기 시작해야 하는지
나는 알 수 없다 사람이기 때문에
사람이기 때문에 무력감에 절망하고
공포에 질려 부르짖기도 하지만

기적을 꿈꾸진 않으리라
부끄러움에 떨며 받아들이리라 너의 짐을
나의 짐 위에 너의 짐을 얹어
더 어두운 세계를 찾아서 갈 터이니
자거라 지금은 잠시 자두어야 할 때

헨리 밀러 씨와 외출하다

　보 신 먹 니 배 력 족 ? 기 죠
탕 어 까 하 님 은 올 힘 복 그
을 보 ? 는 치 실 림 들 날 래
　셨 섹 이 는 로 픽 게 개 도 니
습 스 비 세 곤 어 됐 패 요 다
　가 대 상 란 쩌 어 듯 절 강 식
지 하 에 한 구 요 이 을 요 무
　고 서 일 하 어 란 강 당 의 하
정 양 이 더 떻 속 요 하 식 고
　기 아 니 든 담 당 는 이 치 면
부 넙 보 개 까 하 性 모 밀 어
　니 신 들 지 는 영 두 한 떻 도
까 탕 은 있 개 화 강 조 게 토
　도 살 는 들 관 요 직 해 룡 만
먹 판 이 은 의 하 에 야 탕 저
　난 나 줄 포 는 서 하 도 는 습
거 라 지 스 性 벗 죠 먹 억 니
　에 앓 터 이 어 ? 고 눌 다 석
서 을 가 거 나 뱀 있 려 이 진
　겝 의 대 려 탕 지 있 구 데 서

이 도서의 국립중앙도서관 출판시도서목록(CIP)은 서지정보유통지원시스템 홈페이지 (http://seoji.nl.go.kr)와 국가자료공동목록시스템(http://www.nl.go.kr/kolisnet)에서 이용하실 수 있습니다.(CIP제어번호: CIP2015027530)

시인동네 시인선 044

공포와 전율의 나날

ⓒ 이승하

초판 발행	1쇄 2009년 5월 15일~5쇄
개정판 1쇄 발행	2015년 10월 26일
지은이	이승하
펴낸이	고영
책임편집	이현호
디자인	헤이존
펴낸곳	문학의전당
출판등록	제311-2012-000043호
주소	서울시 은평구 연서로11길 7-5 401호
편집실	서울시 마포구 마포대로 127, 413호(공덕동, 풍림VIP빌딩)
전화	02-852-1977
팩스	02-852-1978
블로그	http://blog.naver.com/mhjd2003
전자우편	sbpoem@naver.com

ISBN 979-11-5896-007-0 03810

* 이 책의 판권은 지은이와 문학의전당에 있습니다.
* 양측의 서면 동의 없는 무단 전재 및 복제를 금합니다.
* 잘못 만들어진 책은 바꿔드립니다.